Erste Hilfe zur Datenschutz-Grundverordnung für Unternehmen und Vereine

Das Sofortmaßnahmen-Paket

Herausgegeben vom
Bayerischen Landesamt für Datenschutzaufsicht

Bearbeitet von
Thomas Kranig, Präsident des Bayerischen
Landesamtes für Datenschutzaufsicht

und

Dr. Eugen Ehmann, Regierungsvizepräsident von
Mittelfranken

C.H.BECK

Vorwort

Ab dem 25. Mai 2018 gilt in der Europäischen Union ein einheitliches Datenschutzrecht. Es ist in der Datenschutz-Grundverordnung (DS-GVO) enthalten. Ihre inhaltlichen Anforderungen ähneln vielfach dem derzeit geltenden Recht. Gleichwohl bringt sie eine ganze Reihe neuer Anforderungen mit sich, die für die Praxis wichtig sind. Sie sind ab dem 25. Mai 2018 buchstäblich „über Nacht" zu beachten. Neu und noch ungewohnt ist die Rechtsform, in der das neue Datenschutzrecht erlassen wurde, nämlich in Form einer Europäischen Verordnung. Solche Verordnungen gelten unmittelbar in allen Mitgliedstaaten der EU. Einer Umsetzung durch die Gesetzgeber in den Mitgliedstaaten der EU bedürfen solche Regelungen nicht mehr. Wo es die Verordnung zulässt, können die nationalen Gesetzgeber aber noch einige ergänzende Regelungen treffen.

Neu ist auch, dass der europäische Gesetzgeber die Datenschutzaufsichtsbehörden ermächtigt, für Verstöße gegen diese Verordnung Geldbußen in einer Höhe von bis zu 20 Millionen Euro festzusetzen, bei Unternehmen alternativ Geldbußen von bis zu 4 % des Weltjahresumsatzes. Schon aus diesem Grund lohnt es ganz gewiss, sich zeitnah mit den Anforderungen vertraut zu machen, die das neue Datenschutzrecht stellt.

Dieses Heft richtet sich in erster Linie an kleine Unternehmen, freiberuflich Tätige und Vereine. Sie sind gerade keine „Datenschutz-Profis", haben aber ständig mit Daten von Mitarbeitern, Kunden, Mandanten, Patienten oder Mitgliedern zu tun. Über eine Rechtsabteilung, die die Geschäftsführung oder den Vorstand unterstützen könnte, verfügen sie in aller Regel nicht. Gleichwohl müssen sie dafür sorgen, dass es beim Umgang mit personenbezogenen Daten rechtskonform zugeht. Dabei will Sie dieses Heft unterstützen. Es kann und soll nicht mehr als einen ersten Überblick darüber geben, was ab dem 25. Mai 2018 geltendes Recht in Europa sein wird. Zugleich soll es aufzeigen, was gerade kleine Unternehmen, freiberuflich Tätige, Vereine und ähnliche Organisationen noch zu veranlassen haben, um keine Schwierigkeiten zu bekommen.

Um den Einstieg zu erleichtern, haben wir in einigen Fällen Checklisten oder Muster eingefügt. Diese sollen eine Vorstellung davon vermitteln, an was im jeweiligen Einzelfall zu denken ist. Im Übrigen sind sie aber immer nur Muster und können daher nicht alle Fälle abdecken.

Wenn Sie, sehr geehrte Leserin, sehr geehrter Leser, merken, dass die Anforderungen der DS-GVO für Sie doch komplizierter sind, als es in diesem Heft dargestellt werden konnte, sollten Sie auf die Informationsquellen zurückgreifen, die am Ende dieses Hefts genannt sind. Wenn auch das nicht ausreicht, um Ihre Fragen zu beantworten, können Sie einen fachkundigen Datenschutzfachmann oder eine fachkundige Datenschutzfachfrau mit einer Beratung beauftragen. Das kostet zwar etwas, kann aber andererseits viel Ärger ersparen. Bei konkreten Einzelproblemen kommt auch eine Beratungsanfrage bei Ihrer zuständigen Aufsichtsbehörde in Betracht.

Die folgenden Ausführungen dienen einerseits dazu, Sie, sehr geehrte Leserin, sehr geehrter Leser, dafür zu sensibilisieren, was zu tun ist. Andererseits sollen diese Ausführungen aber auch eine Erstberatung anbieten. Um beides auch äußerlich zum Ausdruck zu bringen, sprechen wir Sie an einigen Stellen persönlich an. Möge Ihnen das besonders bewusst machen, dass Sie persönlich aufgefordert sind, sich klar darüber zu werden, ob das jeweils angesprochene Thema für Sie relevant ist und wenn ja, was von Ihnen zu veranlassen ist.

Herzlich danken möchten wir Daniela Duda, die uns bei der Erstellung der Texte und Tabellen durch kritisch-konstruktive Hinweise tatkräftig unterstützt hat.

Eugen Ehmann und Thomas Kranig

Inhaltsverzeichnis

1. Kapitel. Anwendungsbereich der Datenschutz-Grundverordnung (DS-GVO)

Die DS-GVO gilt für die ganz oder teilweise automatisierte Verarbeitung personenbezogener Daten (siehe Definition 1) sowie für die nicht automatisierte Verarbeitung personenbezogener Daten, die in einem Dateisystem gespeichert sind oder gespeichert werden sollen. Sofern Sie also eine elektronische Datenverarbeitung, auch wenn sie nur aus einem PC besteht, oder ein nach bestimmten Kriterien geordnetes Karteisystem (das können auch Karteikarten aus Papier sein) im Einsatz haben, ist der sog. „sachliche Anwendungsbereich" der DS-GVO eröffnet.

DEFINITION 1:

Personenbezogene Daten sind alle Informationen, die sich auf eine identifizierte oder identifizierbare natürliche Person (im Folgenden „betroffene Person") beziehen; als identifizierbar wird eine natürliche Person angesehen, die direkt oder indirekt, insbesondere mittels Zuordnung zu einer Kennung wie einem Namen, zu einer Kennnummer, zu Standortdaten, zu einer Online-Kennung oder zu einem oder mehreren besonderen Merkmalen, die Ausdruck der physischen, physiologischen, genetischen, psychischen, wirtschaftlichen, kulturellen oder sozialen Identität dieser natürlichen Person sind, identifiziert werden kann (Art. 4 Nr. 1 DS-GVO).

Beispiele dafür sind Name, Wohnort, Steuernummer, Religionszugehörigkeit.

Verarbeiten ist dabei ein umfassender Begriff für den Umgang mit personenbezogenen Daten. Er umfasst das Erheben (Daten beschaffen, sammeln), Speichern, Ändern (Berichtigung einer E-Mailadresse), Nutzen (Abfrage starten), Übermitteln (durch Weitergabe von Daten oder auch „reinschauen" lassen), Verknüpfen (mit anderen Daten) oder Löschen (einschließlich Vernichten eines Datenträgers). Mit anderen Worten: Es ist egal, was Sie mit personenbezogenen Daten machen, es handelt sich immer um ein Verarbeiten im Sinne der DS-GVO.

Die Verarbeitung von personenbezogenen Daten für ausschließlich persönliche und familiäre Tätigkeiten (z. B. private Adressbücher oder Fotos) fällt nicht in den Anwendungsbereich der DS-GVO.

In der folgenden Übersicht können Sie überprüfen, ob und wenn ja, in welcher Funktion die DS-GVO für Sie Anwendung findet.

Checkliste zur Prüfung, ob DS-GVO für mich anwendbar ist

Frage	ja	nein
Biete ich Dienstleistungen oder Waren in **Deutschland** an?	❑	❑
Biete ich Dienstleistungen oder Waren in der **EU** an?	❑	❑
Habe ich Mitarbeiter in meinem Unternehmen?	❑	❑

Wenn Sie auch nur eine Frage mit „ja" beantworten, sind Sie **Verarbeiter** und die DS-GVO ist für Sie anwendbar.

Frage	ja	nein
Biete ich in fremdem Namen, d. h. im Auftrag eines Dritten Dienstleistungen oder Waren in **Deutschland** an?	❑	❑
Biete ich in fremdem Namen, d. h. im Auftrag eines Dritten Dienstleistungen oder Waren in der **EU** an?	❑	❑

Wenn Sie auch nur eine Frage mit „ja" beantworten, sind Sie ein sog. **Auftragsverarbeiter** und die DS-GVO ist für Sie anwendbar.

2. Kapitel. Erste Schritte

Viele, die festgestellt haben, dass die DS-GVO auch für sie, d. h. für ihr Unternehmen (siehe Definition 2) Bedeutung hat, was in den allermeisten Fällen gegeben sein dürfte, sind erst einmal ratlos. Sie wissen nicht, was das nun konkret für sie bedeutet und wo sie am besten anfangen sollen. Eine einheitliche Empfehlung für alle gibt es nicht. Dennoch hat sich für die Umsetzung der neuen gesetzlichen Anforderungen in den meisten Fällen folgende Herangehensweise bewährt:

- Machen Sie sich als Geschäftsleitung oder Vorstand oder machen Sie der Geschäftsleitung oder dem Vorstand bewusst, dass **Datenschutz Chefsache** und nicht für umsonst zu haben ist.
- Verschaffen Sie sich – aus datenschutzrechtlicher Sicht – einen Überblick **(Verzeichnis von Verarbeitungstätigkeiten**, siehe Definition 3), was Sie in Ihrem Unternehmen machen (siehe Seite 12).
- Überprüfen Sie, ob Sie zur Erfüllung Ihrer Aufgaben andere Unternehmen (**Auftragsdatenverarbeiter**) eingeschaltet haben und falls ja, ob Sie mit diesen die für die Verarbeitung personenbezogener Daten erforderlichen Verträge abgeschlossen haben (siehe Seite 24).
- Machen Sie sich bewusst: Ihre Mitarbeiter, Lieferanten, Kunden, Mitglieder oder Interessenten, deren Daten Sie erhoben und gespeichert haben, können sog. **Betroffenenrechte** (z. B. auf Auskunft, Berichtigung usw.) geltend machen. Dann müssen Sie diese in kurzer Zeit vollständig und richtig erfüllen können (siehe Seite 40).
- Prüfen Sie, ob die Verarbeitung personenbezogener Daten, die Sie in Ihrem Unternehmen praktizieren, datenschutzrechtlich zulässig ist (siehe Seite 21) und ob Sie diese Zulässigkeit der Verarbeitung auch jeweils nachweisen können (siehe Seite 23).
- Prüfen Sie, ob Sie einen **Datenschutzbeauftragten** bestellen müssen (siehe Seite 32).

DEFINITION 2:

Unternehmen ist eine natürliche und juristische Person, die eine wirtschaftliche Tätigkeit ausübt, unabhängig von ihrer Rechtsform, einschließlich Personengesellschaften oder Vereinigungen, die regelmäßig einer wirtschaftlichen Tätigkeit nachgehen (Art. 4 Nr. 18 DS-GVO).

Beispiele dafür sind Onlineshop, Arzt, Sportverein, Einzelhandelsgeschäft, Kfz-Werkstatt, Steuerberater, Handwerksbetrieb …

Unternehmensgruppe ist eine Gruppe, die aus einem herrschenden Unternehmen und den von diesem abhängigen Unternehmen besteht (Art. 4 Nr. 18 DS-GVO).

DEFINITION 3:

Verzeichnis von Verarbeitungstätigkeiten ist das Verzeichnis aller Verarbeitungstätigkeiten mit personenbezogenen Daten. Dieses Verzeichnis betrifft sämtliche – auch teilweise – automatisierte Verarbeitungen, ferner nichtautomatisierte Verarbeitungen personenbezogener Daten, die in einem Dateisystem gespeichert sind oder gespeichert werden sollen (siehe auch Seite 12).

Checkliste für die ersten Schritte auf dem Weg zur Einhaltung der DS-GVO

Maßnahme erfolgt	**ja**	**nein**	**Siehe Seite**
Schritt 1: Vorbereitung			
Steht die Geschäftsleitung oder der Vorstand hinter den zu treffenden Maßnahmen zur Einhaltung der Datenschutzgesetzgebung und ist dies nachhaltig kommuniziert?			
Sind die Zuständigkeiten für die anstehenden Aufgaben eindeutig verteilt?			
Sind ausreichend zeitliche und materielle Ressourcen eingeplant?			
Ist, sofern gesetzlich notwendig, ein Datenschutzbeauftragter benannt?			
Ist eine Bestandsaufnahme erfolgt, in der festgehalten wurde, in welchen Abläufen des Unternehmens oder Vereins personenbezogene Daten verarbeitet werden?			
Verfügen Sie über ein Verzeichnis Ihrer Verarbeitungstätigkeiten?			
Schritt 2: Umsetzung			
Wissen Sie, auf welche Rechtsgrundlage Sie bisher und künftig Ihre Verarbeitungen stützen können?			
Arbeiten Sie mit Einwilligungen?			
Falls ja, kennen Sie die Anforderungen für eine wirksame Einwilligung?			
Wissen Sie, dass Art. 8 DS-GVO besondere Anforderungen für die Einwilligung von Kindern stellt?			
Haben Sie Auftragsverarbeiter eingeschaltet?			
Falls ja, haben Sie mit allen Auftragsverarbeitern die erforderlichen Verträge abgeschlossen?			
Ist sichergestellt, dass Sie der Informationspflicht, dem Auskunftsrecht, dem Recht auf Berichtigung, dem Recht auf Löschung, dem Recht auf Datenübertragbarkeit und dem Widerspruchsrecht gemäß der DS-GVO vollständig und in angemessener Zeit nachkommen können?			
Wissen Sie, was Sie im Fall einer Datenschutzverletzung tun müssen?			
Wissen Sie, was unter Datenschutz durch Technikgestaltung und datenschutzfreundlichen Voreinstellungen zu verstehen ist?			
Haben Sie ausreichende Vorkehrungen zur Datensicherheit getroffen?			
Schritt 3: Wiederkehrende Aufgaben			
Ist sichergestellt, dass Sie regelmäßig Änderungen in betrieblichen Abläufen, die Auswirkungen auf die Verarbeitung personenbezogener Daten haben können, entsprechend dokumentieren?			
Ist sichergestellt, dass Sie Ihre Mitarbeiterinnen und Mitarbeiter in regelmäßigen Abständen bezüglich der Einhaltung des Datenschutzes schulen (lassen)?			

3. Kapitel. Verzeichnis von Verarbeitungstätigkeiten

1. Pflicht zur Erstellung

Grundsätzlich fordert Art. 30 DS-GVO, dass alle Verantwortlichen (siehe Definition 4) ein Verzeichnis über alle Verarbeitungstätigkeiten zu führen haben, die in ihrem Unternehmen oder ihrem Verein durchgeführt werden. Es muss also dokumentiert werden, in welchem Zusammenhang mit personenbezogenen Daten gearbeitet wird.

BEISPIEL

Programme zur Kunden-, Mitarbeiter- oder Mitgliederverwaltung

DEFINITION 4:

Verantwortlicher ist die natürliche oder juristische Person, Behörde, Einrichtung oder andere Stelle, die allein oder gemeinsam mit anderen über die Zwecke und Mittel der Verarbeitung von personenbezogenen Daten entscheidet.

Mit anderen Worten: Verantwortlicher ist jeder, der mit personenbezogenen Daten von anderen umgeht.

2. Freistellung von der Verpflichtung, Verzeichnis zu erstellen

Die Freistellung von der Verpflichtung, ein Verzeichnis der Verarbeitungstätigkeiten aufzustellen, gibt es theoretisch für Unternehmen und Einrichtungen, die weniger als 250 Mitarbeiter beschäftigen. In der Praxis hat das aber fast keine Bedeutung, da diese Freistellung u. a. nur dann gilt, wenn die Verarbeitung nur gelegentlich erfolgt und auch keine besonderen Datenkategorien wie Gesundheits- oder Religionsdaten verarbeitet werden. Jedes Unternehmen oder jeder Verein, der kontinuierlich für seine Beschäftigten Lohnabrechnungen durchführt, einschließlich der Verarbeitung von Religionsdaten zur Abführung der Kirchensteuer oder Gesundheitsdaten zur Feststellung der Krankheitstage oder als Verein seine Mitgliederverwaltung auf dem Laufenden hält, ist von der Freistellung nicht mehr umfasst. Er verarbeitet die Daten nicht mehr nur gelegentlich. Unabhängig davon sollten Verantwortliche eher weniger Aufwand in die Begründung ihrer Freistellung investieren als im Zweifel lieber ein Verzeichnis ihrer Verarbeitungstätigkeiten aufzustellen. Es hilft jedem Verantwortlichen, einen Überblick darüber zu bekommen oder zu behalten, wie im eigenen Unternehmen oder Verein mit personenbezogenen Daten umgegangen wird. Dass dieses Verzeichnis darüber hinaus sehr hilfreich sein kann, um andere gesetzlich verpflichtende Aufgaben zu erfüllen, wird im Folgenden immer wieder dargestellt werden.

3. Vorlage des Verzeichnisses

Das Verzeichnis ist nicht öffentlich. Es muss also insbesondere betroffenen Personen, wenn diese Einblick in die Verarbeitung der sie betreffenden personenbezogenen Daten fordern, nicht offengelegt werden. Es dient neben der eigenen Qualitätskontrolle ausschließlich dafür, der Aufsichtsbehörde nachzuweisen, in welchem Verfahren in dem jeweiligen Unternehmen oder Verein mit personenbezogenen Daten umgegangen wird. Es kann auch, wenn es nicht auf den Minimalinhalt beschränkt wird, als Nachweis für die Einhaltung weiterer Datenschutzvorschriften dienen (siehe Rechenschaftspflicht auf Seite 23).

4. Form des Verzeichnisses

Verzeichnisse sind regelmäßig in deutscher Sprache zu führen. Sie können schriftlich oder auch elektronisch vorgehalten werden.

5. Aktualisierung des Verzeichnisses

Verzeichnisse müssen immer aktuell sein. Um der Aufsichtsbehörde die Aktualisierung nachweisen zu können, sollten Änderungen nicht einfach durch Überschreiben der bestehenden Inhalte erfolgen, sodass die alten Eintragungen damit nicht mehr verfügbar sind. Sinnvoll ist es, mindestens für den Zeitraum von einem Jahr nachweisen zu können, was in diesem Zeitraum geändert wurde. Heben Sie sich also die unterschiedlichen Versionen Ihrer Verzeichnisse auf.

6. Inhalt des Verzeichnisses

Das Verzeichnis muss mindestens die Bestandteile haben, die in Art. 30 Abs. 1 DS-GVO genannt sind. Diese sind:

- Name und Kontaktdaten des Verantwortlichen
- Zwecke der Verarbeitung
- Beschreibung der Kategorien betroffener Personen (siehe Definition 5) und der Kategorien personenbezogener Daten
- Kategorien von Empfängern von Daten einschließlich Empfänger in Drittstaaten
- wenn möglich, vorgesehene Fristen zur Löschung

Die Angaben müssen aussagekräftig sein, was bedeutet, dass sie umso detaillierter sein müssen, je größer ein Unternehmen oder ein Verein ist.

DEFINITION 5:

Betroffene Person ist jede natürliche Person, die durch personenbezogene Daten identifiziert werden kann oder identifizierbar wird. Als identifizierbar wird eine natürliche Person angesehen, die direkt oder indirekt insbesondere mittels Zuordnung zu einer Kennung wie einem Namen, einer Kennnummer, zu Standortdaten, zu einer Online-Kennung oder zu einem oder mehreren besonderen Merkmalen, die Ausdruck der physischen, physiologischen, genetischen, psychischen, wirtschaftlichen, kulturellen oder sozialen Identität dieser natürlichen Person sind, identifiziert werden können.

Beispiele: Identifiziert werden kann eine natürliche Person durch ihren Namen, Anschrift und Geburtsdatum. **Identifizierbar** ist eine Person durch Kundennummer, Steuernummer oder auch Ausweisnummer.

7. Erweitertes Verzeichnis

Da das Verzeichnis, wie oben beschrieben, auch dazu dienen soll, sich selbst einen Überblick zu verschaffen, was im eigenen Unternehmen oder Verein geschieht, wie es geschieht und ob es so geschehen darf, empfiehlt es sich, ein erweitertes Verzeichnis zu erstellen, in dem zusätzlich die

- konkreten Verarbeitungstätigkeiten im Sinne der Definition in Art. 4 Nr. 2 DS-GVO (erheben, speichern, abfragen, offenlegen usw.) beschrieben werden und
- die herangezogenen Rechtsgrundlagen (z. B. Art. 6 DS-GVO, Arbeitsvertrag, Betriebsvereinbarung, Einwilligung oder sonstige spezielle Regelungen usw.)

aufgeführt werden.

Wer das hat, kann sehr schnell für sich selbst und auch im Fall der Prüfung durch die Aufsichtsbehörde Rechenschaft darüber ablegen, ob die Verarbeitung personenbezogener Daten zulässig ist.

8. Muster eines Verzeichnisses von Verarbeitungstätigkeiten

Das folgende Verzeichnis orientiert sich an einer Empfehlung der Aufsichtsbehörden des Bundes und der Länder, das auf die regelmäßigen Bedürfnisse von kleinen Unternehmen und Vereinen angepasst wurde. Es enthält ein Vorblatt für die allgemeinen Informationen zum Unternehmen sowie eine zweite Tabelle zur Beschreibung der jeweiligen Verarbeitungstätigkeit und die in diesem Zusammenhang eingesetzten technischen und organisatorischen Maßnahmen (TOMs). Das vollständige Verzeichnis finden Sie u. a. auf der Homepage des Bayerischen Landesamts für Datenschutzaufsicht (siehe Linkliste am Ende der Broschüre).

Muster 1: Inhalt eines Verzeichnisses von Verarbeitungstätigkeiten

Dieses Muster besteht aus einem **Vorblatt** und einer oder mehrerer **Anlagen** und (empfohlenerweise) je Anlage einer **Ergänzung zur Anlage.**

<table>
<tr><th>Verzeichnis von Verarbeitungstätigkeiten als Verantwortlicher
gem. Art. 30 Abs. 1 DS-GVO</th><th>Vorblatt</th></tr>
<tr><td colspan="2">Angaben zum Verantwortlichen
Name und Kontaktdaten der natürlichen Person/juristischen Person/Behörde/Einrichtung etc.
Name
Ansprechpartner
Straße
Postleitzahl Ort
Telefon
E-Mail-Adresse
Internet-Adresse</td></tr>
<tr><td colspan="2">Angaben zur Person des Datenschutzbeauftragten
Anrede Titel
Name, Vorname
Straße
Postleitzahl Ort
Telefon
E-Mail-Adresse</td></tr>
</table>

<table>
<tr><th colspan="2">Bezeichnung der Verarbeitungstätigkeit (Mindestinhalt)</th><th>Anlage</th></tr>
<tr><td>Datum der Anlegung:</td><td colspan="2">Datum der letzten Änderung:</td></tr>
<tr><td>Verantwortliche Fachabteilung
Ansprechpartner
Telefon
E-Mail-Adresse</td><td colspan="2"></td></tr>
<tr><td>Bezeichnung der Verarbeitungstätigkeit</td><td colspan="2"></td></tr>
<tr><td>Zwecke der Verarbeitung</td><td colspan="2"></td></tr>
<tr><td>Beschreibung der Kategorien betroffener Personen</td><td colspan="2">☐ Beschäftigte
☐ Interessenten
☐ Lieferanten
☐ Kunden
☐ Patienten
☐ Sonstige:</td></tr>
<tr><td>Beschreibung der Datenkategorien</td><td colspan="2">☐ (z. B.: Adressdaten, Geburtsdatum, Bankverbindung, Steuermerkmale, Lohngruppe, Arbeitszeit, bisherige Tätigkeitsbereiche, Qualifikationen etc.)
Besondere Arten personenbezogener Daten:
☐ (z. B.: Religionszugehörigkeit, Krankmeldungen, gesundheitliche Beeinträchtigungen)</td></tr>
<tr><td rowspan="2">Kategorien von Empfängern, gegenüber denen die personenbezogenen Daten offengelegt worden sind oder noch werden</td><td colspan="2">☐ intern
Abteilung/Funktion</td></tr>
<tr><td colspan="2">☐ extern
Empfängerkategorie</td></tr>
</table>

Bezeichnung der Verarbeitungstätigkeit (Mindestinhalt)	Anlage
Datenübermittlung an Dritte	☐ Datenübermittlung findet nicht statt und ist auch nicht geplant ☐ Datenübermittlung findet wie folgt statt: ☐ Drittland, und zwar: (Name des Drittlandes)
Nennung der konkreten Datenempfänger	Empfängerkategorie
Fristen für die Löschung der verschiedenen Datenkategorien	
Technische und organisatorische Maßnahmen (TOM) gemäß Art. 32 Abs. 1 DS-GVO Bemerkungen*: siehe TOM-Beschreibung*	
.... Verantwortlicher .... Datum	.... Unterschrift

Das folgende Muster stellt eine **Ergänzung der Anlage** für den Mindestinhalt dar. Um insbesondere die gesetzliche Verpflichtung erfüllen zu können, jederzeit die Zulässigkeit der eigenen Datenverarbeitung nachweisen zu können, empfiehlt es sich, auch die Daten, die in dieser Ergänzung zur Anlage angesprochen sind, auszufüllen.

Bezeichnung der Verarbeitungstätigkeit (empfohlene Ergänzung)	Ergänzung der Anlage
Rechtsgrundlage der Verarbeitung	
Dokumentation, dass Einwilligung erteilt wurde	
Dokumentation, dass Verarbeitung für Betroffenen transparent erfolgt	
Dokumentation, dass Informationspflichten eingehalten werden	
Dokumentation, dass Datenschutz durch Technik eingehalten wird	
Dokumentation des Prozesses für Auskunft, Berichtigung und Löschung	
Umsetzung Speicherbegrenzung	
Umsetzung der Sicherheit der Verarbeitung	
Auflistung aller Auftragsverarbeiter (inkl. internationaler Datentransfer mit Rechtsgrundlagen)	
Umgang mit Datenschutzverletzungen	
Darstellung der Meldepflicht an Aufsichtsbehörden	
Risikobewertung/Datenschutzfolgenabschätzung	
Dokumentation von Awareness-Maßnahmen	

Um Ihnen ein Gefühl dafür zu geben, wie so ein Verzeichnis ausgefüllt werden könnte und sollte, haben wir im Folgenden das o.g. **Muster** für ein **fiktives** produzierendes **Unternehmen** mit 50 Beschäftigten ausgefüllt.

BEISPIEL FÜR EIN AUSGEFÜLLTES MUSTER

Verzeichnis von Verarbeitungstätigkeiten als Verantwortlicher gem. Art. 30 Abs. 1 DS-GVO	**Vorblatt**
Angaben zum Verantwortlichen	
Name und Kontaktdaten der natürlichen Person/juristischen Person/Behörde/Einrichtung etc.	
Name	Fa. Mülltonnenproduktion GmbH & Co KG
Ansprechpartner	Max Müllmann, Geschäftsführer
Straße	Hauptstr. 1
Postleitzahl 12345	Ort Berlin
Telefon	030 – 1234567-0
E-Mail-Adresse	info@muelltonnenproduktion.de
Internet-Adresse	www.muelltonnenproduktion.de
Angaben zur Person des Datenschutzbeauftragten	
Anrede	Frau Titel
Name, Vorname	Meier Maria
Straße	Hauptstr. 1
Postleitzahl 12345	Ort Berlin
Telefon	030 – 1234567-80
E-Mail-Adresse	dsb@muelltonnenproduktion.de

Bezeichnung der Verarbeitungstätigkeit (Mindestinhalt)	**Anlage**
Datum der Anlegung: 25.05.2018	Datum der letzten Änderung:
Verantwortliche Fachabteilung Ansprechpartner Telefon E-Mail-Adresse	Personalabteilung Huber, Klaus 030 – 1234567-70 klaus.huber@muelltonnenproduktion.de
Bezeichnung der Verarbeitungstätigkeit	Personalverwaltung
Zwecke der Verarbeitung	Durchführung des Beschäftigungsverhältnisses, Erfüllung vertraglicher und gesetzlicher Pflichten ggü. Beschäftigten
Beschreibung der Kategorien betroffener Personen	☒ Beschäftigte ☐ Interessenten ☐ Lieferanten ☐ Kunden ☐ Patienten ☐ Sonstige:
Beschreibung der Datenkategorien	☒ Adressdaten, Geburtsdatum, Bankverbindung Besondere Arten personenbezogener Daten: ☒ Religionszugehörigkeit, Krankmeldungen

Bezeichnung der Verarbeitungstätigkeit (Mindestinhalt)	Anlage
Kategorien von Empfängern, gegenüber denen die personenbezogenen Daten offengelegt worden sind oder noch werden	☒ intern Personalabteilung ☒ extern öffentliche Stellen: Sozialversicherungsträger, Finanzbehörden
Datenübermittlung an Dritte:	☒ Datenübermittlung findet nicht statt und ist auch nicht geplant ☐ Datenübermittlung findet wie folgt statt: ☐ Drittland, und zwar (Name des Drittlands)
Nennung der konkreten Datenempfänger	Lohn- und Steuerbüro „Hinter-Ziehung GmbH"
Fristen für die Löschung der verschiedenen Datenkategorien	10 Jahre nach Ausscheiden der/des Beschäftigten
Technische und organisatorische Maßnahmen (TOM) gemäß Art. 32 Abs. 1 DS-GVO Bemerkungen: *siehe TOM-Beschreibung (muss einzelfallbezogen konkretisiert werden)*	
.... Verantwortlicher .... Datum .... Unterschrift	

BEISPIEL FÜR DIE EMPFOHLENE ERGÄNZUNG DER ANLAGE FÜR DEN MINDESTINHALT

Bezeichnung der Verarbeitungstätigkeit (empfohlene Ergänzung)	Ergänzung zur Anlage
Rechtsgrundlage der Verarbeitung	Art. 88 DS-GVO und § 26 BDSG-neu
Dokumentation, dass Einwilligung erteilt wurde	–
Dokumentation, dass Verarbeitung für Betroffenen transparent erfolgt	Den Beschäftigten wird ein Hinweisblatt zum Umgang mit den sie betreffenden Daten ausgeteilt. Es handelt sich dabei um Daten, die im Rahmen der Bewerbung, zur Durchführung und dann auch zur Beendigung des Beschäftigungsverhältnisses erfasst werden. Dokumentation ist abgelegt unter: *Benennung Referenzdokumentation*

Bezeichnung der Verarbeitungstätigkeit (empfohlene Ergänzung)	**Ergänzung zur Anlage**
Dokumentation, dass Informationspflichten eingehalten werden	Die Beschäftigten erhalten bei Einstellung ein Informationsblatt (abgelegt unter: *Benennung Referenzdokumentation*) zu: • Name und Kontakt des Verantwortlichen (s. o.) • Kontakt der Datenschutzbeauftragten (s. o.) • Zweck und Rechtsgrundlage der Datenerhebung (s. o.) • Empfänger der Daten (Lohn- und Steuerbüro) • Speicherdauer • Rechte des Beschäftigten auf Auskunft, Berichtigung, Löschung, Einschränkung, Widerspruch und Datenübertragbarkeit • Beschwerderecht bei einer Aufsichtsbehörde • gesetzlich vorgeschriebene Bereitstellung der Daten • Tatsache, dass keine automatisierte Entscheidungsfindung stattfindet
Dokumentation, dass Datenschutz durch Technikgestaltung und datenschutzfreundliche Voreinstellungen eingehalten wird	Datenschutz durch Technikgestaltung wird eingehalten durch folgende Maßnahmen: • Es ist ein Ablauf festgelegt, der sicherstellt, dass bei der Herausgabe von Handys an die Mitarbeiter die GPS-Funktion regelmäßig deaktiviert ist. • Im Bereich der internen IT wird sichergestellt, dass Protokolle, die personenbezogene Daten loggen, sofort nach Erfüllung ihres Zwecks gelöscht werden. Die Daten werden in einem separaten Speicherbereich abgelegt, auf den nur Mitarbeiter der Personalabteilung zugreifen können. Dokumentation ist abgelegt unter: *Benennung Referenzdokumentation*
Dokumentation des Prozesses für Auskunft, Berichtigung und Löschung	Beschäftigte erhalten auf Anfrage Auskunft über ihre im Unternehmen verarbeiteten personenbezogenen Daten sowie folgende Informationen: • Zweck der Verarbeitung (für das Verfahren s. o.) • Kategorien der personenbezogenen Daten (s. o.) • Empfänger der Daten (Personalabteilung, Auftragsverarbeiter) • Speicherdauer • Recht auf Berichtigung und Löschung • Beschwerderecht bei einer Aufsichtsbehörde • Herkunft der Daten (sofern diese nicht direkt beim Beschäftigten erhoben wurden) Intern zuständig ist Leitung der Personalabteilung, evtl. mit Unterstützung der IT-Abteilung. Dokumentation ist abgelegt unter: *Benennung Referenzdokumentation*

Bezeichnung der Verarbeitungstätigkeit (empfohlene Ergänzung)	Ergänzung zur Anlage
Umsetzung Speicherbegrenzung	Die Daten der Beschäftigten werden nur so lange gespeichert, wie es zur Erfüllung der Verarbeitungstätigkeit erforderlich ist. Die geltenden handels- und steuerrechtlichen Aufbewahrungspflichten für Personaldaten werden eingehalten. Bei Einstellung werden Bewerbungsunterlagen, die für die Durchführung des Beschäftigungsverhältnisses nicht mehr erforderlich sind (z. B. Bewerbungsanschreiben, Zeugnisse) unwiderruflich gelöscht bzw. der Person zurückgegeben Dokumentation ist abgelegt unter: *Benennung Referenzdokumentation*
Umsetzung der Sicherheit der Verarbeitung	Umsetzung der Sicherheit erfolgt u. a. durch: • Personalakten befinden sich in einem verschlossenen Schrank in der Personalabteilung. Die Schlüssel haben nur Mitarbeiter aus der Personalabteilung. • Versand von ausschließlich verschlüsselten E-Mails zur Kommunikation • Trennung des Laufwerks der Personalabteilung vom übrigen Unternehmensnetzwerk • Zugriff auf Personalakten über gesondertes Berechtigungskonzept – statt Klarnamen der Beschäftigten werden Personal-Kennziffern zur Pseudonymisierung verwendet Dokumentation ist abgelegt unter: *Benennung Referenzdokumentation*
Auflistung aller Auftragsverarbeiter (inkl. internationaler Datentransfer mit Rechtsgrundlagen)	Folgende Auftragsverarbeiter werden hier eingesetzt: • Lohn- und Steuerbüro „Hinter-Ziehung GmbH" Vertrag mit Auftragsverarbeiter ist abgelegt unter: *Benennung Referenzdokumentation*
Umgang mit Datenschutzverletzungen	Bei Datenschutzverletzungen tritt zunächst die interne Meldekette in Kraft: • Information an Leitung der Personalabteilung, Geschäftsleitung und Datenschutzbeauftragte • Je nach Schwere der Verletzung des Schutzes personenbezogener Daten erfolgt ggf. Meldung an die Aufsichtsbehörde.

Bezeichnung der Verarbeitungstätigkeit (empfohlene Ergänzung)	Ergänzung zur Anlage
Darstellung der Meldepflicht an Aufsichtsbehörde	Bei Verletzung des Schutzes personenbezogener Daten startet die interne Meldekette: • Information an Leitung der Personalabteilung, Geschäftsführung, Datenschutzbeauftrage • Zusammenstellen der erforderlichen Informationen und Einschätzung, ob eine Meldung an die Aufsichtsbehörde erforderlich ist • Kommunikation an Aufsichtsbehörde geschieht unverzüglich und möglichst binnen 72 Stunden. Sofern 72 Stunden nicht einzuhalten sind, ist der Meldung eine Begründung für die Verzögerung beizufügen. • Die Meldung an die Aufsichtsbehörde erfolgt in Form eines in Abstimmung mit der Geschäftsführung, der Personalleitung und Datenschutzbeauftragten ausgefüllten Meldebogens inkl. aller erforderlichen Informationen gemäß Art. 33 DS-GVO. Vorlage des Meldebogens ist abgelegt unter: *Benennung Meldebogen*
Risikobewertung/Datenschutz-Folgenabschätzung	Keine Datenschutz-Folgenabschätzung erforderlich, da weder Verwendung neuer Technologien noch Art, Umstand oder Zweck der Verarbeitung voraussichtlich ein hohes Risiko für die Rechte und Freiheiten der Beschäftigten zur Folge hat.
Dokumentation von Sensibilisierungsmaßnahmen	Innerbetriebliche Sensibilisierungsmaßnahmen zum Datenschutz und zur entsprechenden Sensibilisierung erfolgen durch regelmäßige Aushänge zum Thema durch die Datenschutzbeauftragte, Beschäftigtenschulungen und thematische Newsletter. Die Sensibilisierungsmaßnahmen sind abgelegt unter: *Benennung Referenzdokumentation*

4. Kapitel. Grundsätze für die Verarbeitung personenbezogener Daten

1. Verbot mit Erlaubnisvorbehalt

Im Datenschutzrecht gilt das sog. Prinzip des „Verbots mit Erlaubnisvorbehalt". Das bedeutet, dass niemand mit personenbezogenen Daten von anderen umgehen, d.h. Daten erheben, speichern oder weitergeben darf, wenn er nicht über eine ausdrückliche Einwilligung (siehe Definition 6) der betroffenen Person verfügt oder aber sich auf eine Rechtsgrundlage berufen kann, die ihm erlaubt oder sogar anordnet, mit den Daten umzugehen. Wenn man danach Daten verarbeiten darf, muss sichergestellt sein, dass dabei insbesondere die Zweckbindung, Richtigkeit und Erforderlichkeit beachtet werden und nicht zuletzt darüber Rechenschaft abgelegt werden kann. Die Bedeutung dieser Grundsätze wird im Folgenden näher erklärt.

DEFINITION 6:

Einwilligung ist jede freiwillig, für einen bestimmten Fall, in informierter Weise und unmissverständlich abgegebene Willensbekundung in Form einer Erklärung oder einer sonstigen eindeutigen bestätigenden Handlung, mit der die betroffene Person zu verstehen gibt, dass sie mit der Verarbeitung der sie betreffenden personenbezogenen Daten einverstanden ist.

2. Rechtmäßigkeit

Die Verarbeitung personenbezogener Daten ist nach Art. 6 Abs. 1 DS-GVO nur rechtmäßig, wenn die betroffene Person eine Einwilligung erteilt hat, die Verarbeitung für die Erfüllung eines Vertrages oder einer rechtlichen Verpflichtung erforderlich ist oder, was in der Praxis die größte Bedeutung haben wird, die Verarbeitung zur Wahrung der berechtigten Interessen des Verantwortlichen oder eines Dritten erforderlich ist und nicht die Interessen der betroffenen Person überwiegen.

Wichtig ist, dass jeder, der mit personenbezogenen Daten umgehen möchte, vorher prüft, ob er eine Rechtsgrundlage hat, auf die er sich berufen kann. Eine Verarbeitung ohne Rechtsgrundlage ist unzulässig und kann zu hohen Bußgeldern führen.

a) Einwilligung

Eine Einwilligung (und damit die Möglichkeit auf dieser Basis Daten zu verarbeiten) ist nur dann wirksam, wenn

- sie freiwillig (d.h. ohne Zwang oder Druck – schwierig z.B. im Arbeitsverhältnis) abgegeben wird,
- sie für einen bestimmten Fall abgegeben wird (d.h. Einwilligung zur Datenverarbeitung zu allen heute und in Zukunft relevanten Zwecken wäre unbestimmt und ungültig),
- die betroffene Person klar und verständlich informiert wurde (wer die Einwilligung haben möchte, muss klar und deutlich sagen, für welchen konkreten Zweck die Daten verarbeitet werden sollen),
- die betroffene Person darüber informiert wurde, dass sie die Einwilligung jederzeit widerrufen kann (ohne dass sie einen Grund angeben muss) und
- die Einwilligung schließlich durch eine eindeutig bestätigende Handlung erfolgt ist (z.B. schriftliche Erklärung, Ankreuzen einer Erklärung im Internet [sog. opt-in]; Achtung: Das „Stehenlassen" eines bereits vorangehakten Kästchens im Internet [sog. opt-out] reicht nicht).

Einwilligungen sind im Interesse des Datenschutzes sicher die beste Variante, da der, der sie haben möchte, die betroffene Person klar und deutlich informieren muss, keinen Druck ausüben darf und die betroffene Person deshalb im besten Fall gut informiert und völlig freiwillig der Datenverarbeitung zustimmt. Wegen des jederzeitigen Rechts auf Widerruf und des Aufwands, das Vorliegen der konkreten Einwilligung nachweisen zu können, versuchen viele, ihre Verarbeitung eher auf eine andere Rechtsgrundlage zu stützen.

b) Vertragserfüllung

Personenbezogene Daten, die zur Erfüllung eines Vertrages notwendig sind, dürfen verarbeitet werden. Wenn jemand ein Auto kauft, darf der Käufer z.B. Namen, Kontaktdaten und Bankverbindung des Verkäufers erhalten. Und der Verkäufer wiederum darf natürlich Name, Anschrift – und bei Ratenkauf auch (die z.B. über die Schufa eingeholte) Bonität – des Käufers erheben und verarbeiten.

c) Wahrung berechtigter Interessen des Verantwortlichen

Personenbezogene Daten dürfen auch „zur Wahrung berechtigter Interessen des Verantwortlichen verarbeitet werden, sofern nicht die Interessen der betroffenen Person überwiegen". Das kann z. B. der Fall sein bei der Verarbeitung von Daten für die Direktwerbung, Marktforschung oder Auswertung der Kundendaten. Bei der Interessenabwägung ist auf die „vernünftigen Erwartungen einer betroffenen Person" abzustellen.

Beispielsweise wird eine Vertriebsmitarbeiterin einer Internetagentur damit rechnen müssen, dass ihre Kontaktdaten (Name und berufliche Telefonnummer) auf der Internetseite veröffentlicht werden. Ein Kunde wird wohl damit rechnen, dass ein Shop seine Daten nach Kunden, gekauften Produkten und Regionen auswerten wird.

In der Praxis ist die Wahrung berechtigter Interessen des Verantwortlichen wegen der Unbestimmtheit die am schwierigsten nachzuweisende Rechtsgrundlage, aber trotzdem die, auf die die meisten Datenverarbeitungen gestützt werden.

Wenn damit eine der oben genannten Rechtsgrundlagen für die Verarbeitung gegeben ist, bedeutet dies nicht, dass man die Daten so verarbeiten kann, wie man will. Vielmehr sind zusätzlich noch die folgenden Grundsätze zu beachten:

3. Zweckbindung

Eine Verarbeitung personenbezogener Daten, egal, ob auf der Basis einer Einwilligung, eines Vertrages oder einer Interessenabwägung, darf nur für die konkret festgelegten Zwecke (die vorab feststehen müssen) erfolgen.

Der Verkäufer eines Autos darf deshalb die Daten des Käufers nur für den Zweck des Autoverkaufs verwenden und die sich daran anschließenden Maßnahmen der Kundenbindung (Werbung), die sich auf den Autokauf bzw. die Nutzung des verkauften Fahrzeugs beziehen (z. B. Angebote für Winterreifen, TÜV-Aktion, Rabatt auf Klimaanlagenservice). Eine Nutzung oder eine Weitergabe der Käuferdaten an einen Immobilienmakler nach dem Grundsatz: „Wer ein neues Auto kauft, kauft in aller Regel auch ein neues Haus", wäre z. B. unzulässig, weil es mit dem ursprünglichen Zweck des Autokaufs nichts mehr zu tun hat. Werbung für Autoersatzteile, Erinnerungen an Inspektions- oder TÜV-Termine wären dagegen zulässig (jedenfalls solange, bis der Kunde widerspricht).

TIPP

Befassen Sie sich damit, was jeweils als Zweck für Ihre Datenverarbeitungen verstanden werden soll. Prüfen Sie, ob und welchen Zweck Sie den betroffenen Personen genannt haben. Stellen Sie sicher, dass Sie die Daten auch nur für diesen Zweck verwenden.

4. Richtigkeit der Daten

Eigentlich selbstverständlich, aber in der DS-GVO ausdrücklich geregelt, ist, dass die personenbezogenen Daten sachlich richtig und erforderlichenfalls auf dem neuesten Stand sein müssen. Verantwortliche müssen deshalb mit angemessenem Aufwand sicherstellen, dass die Daten ihrer Mitarbeiter, Kunden oder Vereinsmitglieder aktuell sind. Gerade für kleinere Vereine, die ihre Mitglieder nicht einfach aus ihrer Mitgliederliste streichen können, stellt es oft eine Herausforderung dar, den Mitgliederbestand aktuell zu halten. Beispielsweise muss es für ein Mitglied oder eine Kundin möglich sein, eine Namensänderung z. B. im Falle einer Heirat zu adressieren und das Unternehmen muss sicherstellen, dass der Name auch an allen relevanten Speicherorten korrigiert wird.

5. Erforderlichkeit der Speicherung

Verantwortliche dürfen nur die personenbezogenen Daten erheben und speichern, die sie brauchen, um den oben genannten – zulässigen – Zweck zu erreichen.

So kann es erforderlich sein, dass der Autoverkäufer den Kunden fragt, wie viele Kilometer er im Jahr fährt und ob er dies überwiegend im Stadt- oder Fernverkehr macht, um ihm das passende Auto anbieten zu können. Das Nachfragen und Aufschreiben von weiteren Informationen, z. B. wer im Bekanntenkreis des Käufers welche Fahrzeuge fährt und wie alt diese sind (um sich einen neuen Käuferkreis zu erschließen), wäre hier nicht erforderlich und damit unzulässig.

Beachten Sie aber auch, dass personenbezogene Daten, die für die Zweckerreichung nicht mehr erforderlich sind und für die es keine sonstigen Aufbewahrungsvorschriften mehr gibt, entweder zu löschen oder aber so zu ändern sind, dass jeglicher

Personenbezug wegfällt. Wenn es z.B. keine handelsrechtlichen oder steuerrechtlichen Vorschriften gibt, die eine Speicherung von Kundendaten vorschreiben und auch die Vertragsbeteiligten nichts anderes vereinbart haben, müssen die personenbezogenen Daten gelöscht oder eben so geändert werden, dass nur noch erkennbar ist, in welchem Jahr welche Fahrzeuge verkauft wurden, ohne dass der Verkauf einem konkreten Kunden zugeordnet werden kann.

6. Rechenschaftspflicht

Die DS-GVO hat mit der Verankerung der Rechenschaftspflicht eine neue und gewaltige Herausforderung für Verantwortliche geschaffen. Verantwortliche müssen in Zukunft nicht nur die oben genannten datenschutzrechtlichen Grundsätze einhalten (das war auch bisher schon so), sondern deren Einhaltung – z.B. gegenüber der Aufsichtsbehörde – auch nachweisen können.

Konkret bedeutet dies, dass eine Aufsichtsbehörde von dem Verantwortlichen verlangen kann, dass er, im Zweifel durch Vorlage einer schriftlichen Dokumentation, nachweisen kann, welche personenbezogenen Daten von Mitarbeitern, Kunden, Lieferanten oder Vereinsmitgliedern er verarbeitet, auf welcher Rechtsgrundlage er dies konkret macht, für welchen Zweck er die Daten verwendet und wie lange er sie noch speichern möchte. Diese Verpflichtung trifft nicht nur die großen Unternehmen, sondern alle.

Nach Art. 29 DS-GVO dürfen die dem Verantwortlichen unterstellten Personen, die Zugang zu personenbezogenen Daten haben, diese ausschließlich auf Weisung des Verantwortlichen verarbeiten. Im Hinblick auf die Pflichten des Verantwortlichen ist es geboten, die Mitarbeiter auf eine gesetzeskonforme und weisungsgemäße Verarbeitung der ihnen anvertrauten und zugänglichen personenbezogenen Daten schriftlich (Nachweisbarkeit) zu verpflichten.

Für Aufsichtsbehörden wird es in Zukunft relativ leicht, zu prüfen, ob dieser Rechenschaftspflicht nachgekommen wurde, d.h. ob irgendetwas zur Dokumentation vorhanden ist. Es ist deshalb davon auszugehen, dass hier die Prüfaktivitäten deutlich erweitert werden.

Die Rechenschaftsverpflichtung können kleine Unternehmen relativ leicht dadurch erfüllen, dass sie in dem Verarbeitungsverzeichnis, wie auf Seite 13 vorgeschlagen, auch die zusätzlichen Informationen über den dort beschriebenen Mindestinhalt hinaus ergänzen (u.a. Beschreibung der konkreten Verarbeitungstätigkeiten und Nennung der herangezogenen Rechtsgrundlagen für die Verarbeitung). Wer in Bezug auf die Rechenschaftsverpflichtung keinerlei Dokumentation (schriftlich oder elektronisch) vorweisen kann, hat ein Problem.

5. Kapitel. Auftragsverarbeitung

Nur selten erledigen Unternehmen ihre gesamten Aufgaben ohne fremde Hilfe. Häufig werden Dienstleister eingeschaltet, die für das Unternehmen z. B. die IT-Einrichtung warten, die Buchhaltung erledigen oder auch die Kundenberatung übernehmen (Callcenter). Wenn Dienstleister derartige Aufgaben für andere erfüllen und bei der Erfüllung mit personenbezogenen Daten umgehen, spricht man von einer Auftragsverarbeitung.

DEFINITION 7:

Auftragsverarbeitung liegt vor, wenn eine natürliche oder juristische Person (z. B. GmbH, KG, AG), Behörde, Einrichtung oder andere Stelle personenbezogene Daten im Auftrag eines Verantwortlichen verarbeitet.

Dies bedeutet: Der Verantwortliche gibt personenbezogene Daten an jemand außerhalb seines Unternehmens (Mitarbeiterdaten an externe Buchhaltung) oder er ermöglicht den Einblick auf die eigene Datenhaltung (Wartung der eigenen IT durch externe Firmen). Diese externen Personen werden als Auftragsverarbeiter bezeichnet. Bei einer „richtigen Auftragsverarbeitung“ besteht für das Unternehmen eine gewisse Privilegierung, weil es die personenbezogenen Daten ihrer Kunden oder Mitarbeiter weitergeben darf, ohne dass dafür eine ausdrückliche Einwilligung oder sonstige gesetzliche Grundlage vorliegen muss. Wer derartige Aufgaben vergeben möchte, muss aber die folgenden Rahmenbedingungen einhalten.

1. Abgrenzung der Auftragsverarbeitung

Eine „richtige Auftragsverarbeitung“ liegt dann vor, wenn allein das Unternehmen über Zwecke und Mittel der Verarbeitung entscheidet, d. h. der Auftragsverarbeiter weisungsabhängig den Auftrag erfüllt („verlängerte Werkbank“). Das liegt z. B. vor bei datenverarbeitungstechnischen Arbeiten für die Lohn- und Gehaltsabrechnungen, der Werbeadressenverarbeitung in einem Lettershop oder der Auslagerung eines Teils des eigenen Telekommunikationsanlagenbetriebs.

Keine Auftragsverarbeitung liegt vor bei der Inanspruchnahme von externen Fachleistungen wie Personalverwaltung, Mitarbeiterrekrutierung, Vertragskundenbetreuung, Finanzberatung, Steuerberatung, Unternehmensberatung, Wirtschaftsprüfung, Inkassotätigkeit mit Forderungsübertragung.

2. Auswahl des Auftragsverarbeiters

Wer einen Auftragsverarbeiter einschalten möchte, muss vorher prüfen, ob dieser Auftragsverarbeiter hinreichende Garantien dafür bietet, dass die Verarbeitung im Einklang mit den datenschutzrechtlichen Vorschriften erfolgt. Alleine der günstige Preis darf nicht das entscheidende Kriterium sein. Wer einen Auftragsverarbeiter einschaltet, muss sich bewusst sein, dass er auch für dessen Fehlverhalten haftet.

3. Vertragliche Regelung

Für die Auftragsverarbeitung ist ein Vertrag zwischen dem Unternehmen (Verantwortlicher) und dem Auftragsverarbeiter zu schließen, der insbesondere das Weisungsrecht des Verantwortlichen festschreibt sowie beschreibt, was der Auftragsverarbeiter machen soll, ihn zur Vertraulichkeit und Einhaltung der Sicherheit der Verarbeitung verpflichtet und schließlich festlegt, was mit den Daten nach Abschluss der Auftragsverarbeitung geschehen soll. Ein Muster finden Sie über die Linkliste am Ende dieser Broschüre.

4. Kontrollrechte

Der Auftraggeber muss sich bei dem Auftragsverarbeiter umfangreiche Kontrollrechte einräumen lassen. So muss es möglich sein, dass er ohne Vorankündigung Kontrollen vor Ort durchführt. Der Verantwortliche kann dafür auch externe Sachverständige einbinden. Wenn der Verantwortliche Auftragsarbeiten in Heimarbeit vergibt, muss das Kontrollrecht auch ein vertraglich vereinbartes Zutrittsrecht in die Privatwohnung umfassen.

5. Ende des Auftragsverarbeitungsverhältnisses

Bei einer Auftragsvergabe muss auch an das Ende der Vertragsbeziehung gedacht und müssen entsprechende Regelungen dazu getroffen werden. Zu regeln ist beispielsweise, wann was zurückzugeben oder wie zu löschen bzw. zu vernichten ist (elektronische Datenträger, Papierunterlagen).

6. Kapitel. Sicherheit der Verarbeitung

1. IT-Sicherheit

Wie wichtig IT-Sicherheit ist, fällt oft erst auf, wenn es an ihr fehlt und dadurch ein Schaden entsteht.

Kritische Sicherheitsvorfälle sind mittlerweile fast täglich den Nachrichten zu entnehmen. Sie zeigen: Cyberangriffe können jeden treffen. Früher nahm man meist an, dass sich Hacking-Attacken eher auf Großunternehmen konzentrieren. Heute muss man feststellen, dass tatsächlich jeder betroffen sein kann – vom Hausarzt, dem kleinen Handwerkerbetrieb, dem örtlichen Sportverein bis hin zum Online-Shop des Bäckers von nebenan.

Die Daten, die bei Attacken abgegriffen werden können, sind oft sensibler als man denkt: Kreditkartendaten, E-Mail-Adressen samt Passwörtern oder gar Gesundheitsdaten (z. B. eine Angabe der Unverträglichkeit bestimmter Lebensmittel bei Bestellung im „Online-Bäckerladen“).

Die DS-GVO legt deshalb ein besonderes Augenmerk auf die Sicherheit der Verarbeitung von personenbezogenen Daten. Das beginnt mit Schutzmaßnahmen gegen unbefugte Zugriffe, etwa bei Hacking-Angriffen. Zu berücksichtigen sind aber auch Risiken, die gerade auch bei der legitimen Verarbeitung von Daten bestehen. Denn nicht immer geht es um böswillige Cyber-Kriminelle, die die Absicht haben, Daten abzuziehen. Die Versendung von Unterlagen an einen falschen Adressaten kann auch dann unangenehme Konsequenzen mit sich bringen, wenn sie durch einen eigenen Mitarbeiter erfolgt ist. Schnell drohen finanzielle Schäden, Schädigungen des Rufs oder die Offenbarung von Geschäftsgeheimnissen an Unbefugte.

Damit es nicht so weit kommt, müssen Verantwortliche vorbeugende Maßnahmen treffen. Diese Maßnahmen müssen geeignet sein, ein angemessenes Schutzniveau zu gewährleisten. Nachfolgend konzentrieren wir uns auf die zentralen Bereiche, die dabei keinesfalls vergessen werden dürfen.

2. Schutzziele der IT-Sicherheit

Wer mit „Datenschutz“ zu tun hat, muss wissen, was der Begriff „ IT-Sicherheit“ bedeutet. „Datenschutz“ hat den Schutz natürlicher Personen bei der Verarbeitung personenbezogener Daten im Fokus. Er zielt somit auf das Persönlichkeitsrecht des Einzelnen ab. Ziel der „IT-Sicherheit“ ist dagegen in erster Linie der Schutz der Unternehmenswerte. Ihr geht es also um die Vermeidung von wirtschaftlichen Schäden und die Minimierung von Risiken. Die Schnittmenge beider Begriffe ist jedoch erheblich. Datenschutz ohne IT-Sicherheit kann es praktisch nicht geben.

Die DS-GVO erwähnt deshalb in Art. 32 DS-GVO die klassischen Schutzziele der IT-Sicherheit als zentrale Elemente, wenn es darum geht, unter dem Aspekt des Datenschutzes die Sicherheit der Verarbeitung zu gewährleisten: Sie fordert die Vertraulichkeit, die Integrität und die Verfügbarkeit der Systeme und Dienste, die im Zusammenhang mit der Verarbeitung stehen. Darüber hinaus verlangt sie, dass diese Systeme und Dienste auch belastbar sind. Im Klartext bedeutet dies, dass die Maßnahmen zum Schutz personenbezogener Daten erforderlich sind, die den eigenen (DV-)Betrieb sicher aufrechterhalten sollen. Was die Umsetzung der Schutzziele in der Praxis bedeutet, erläutern wir im Folgenden mit einigen Beispielen:

- **Vertraulichkeit**

Bei dem Schutzziel „Vertraulichkeit“ geht es schlicht darum, Informationen vor Unbefugten zu verbergen.

BEISPIEL FÜR FEHLENDE VERTRAULICHKEIT

Auf der S-Bahn-Fahrt in den Feierabend arbeitet ein Außendienstmitarbeiter einer Glaserei mit seinem dienstlichen Laptop, um die letzten Vertragsabschlüsse des Tages in die Kundendatenbank einzupflegen. Dabei bemerkt er nicht, dass andere Fahrgäste, die sich eine Sitzreihe hinter ihm befinden, den Inhalt des Bildschirms fast genauso gut sehen können wie er selbst und dadurch vertrauliche Details interessiert mitlesen.

Eine Blickschutzfolie hätte dies einschränken können. Vielleicht wäre auch ein anderer Sitzplatz für den Mitarbeiter besser geeignet gewesen, bei dem er niemanden „im Rücken“ sitzen hat.

- **Integrität**

Die „Integrität“ soll die Unversehrtheit von Informationen sicherstellen. An dieser Unversehrtheit fehlt es, wenn Daten beabsichtigt oder unbeabsichtigt manipuliert, d. h. verändert, werden.

BEISPIEL FÜR FEHLENDE INTEGRITÄT

Der neue Praktikant eines Sanitärbetriebs sitzt für seine Tätigkeit, eine Excel-Tabelle nach Umsätzen bei einzelnen Kunden auszuwerten, an einem PC mit Vollzugriff auf das Unternehmensnetzwerk. Aus Neugierde öffnet er verschiedene Dateien, die an sich nichts mit seiner Beschäftigung zu tun haben, jedoch auf dem gleichen Netzwerklaufwerk liegen wie die von ihm behandelte Excel-Tabelle. Da er sich nicht so gut mit dem System auskennt, verändert er aus Versehen wichtige Kundendaten und speichert die Veränderungen auch noch ab.

Geeignete Zugriffskonzepte hätten dies verhindern können, da der Praktikant dann lediglich Zugriff auf den von ihm benötigten Bereich erhalten hätte.

- **Verfügbarkeit**

Das Ziel „Verfügbarkeit" soll dafür sorgen, dass die vorhandenen Daten bei Bedarf jederzeit genutzt werden können, d. h. „verfügbar" sind.

BEISPIEL FÜR FEHLENDE VERFÜGBARKEIT

Ein Hacker erkennt beim Online-Shop einer Gärtnerei eine weit verbreite Schwachstelle, die konkret im Bestellformular für Pflanzen zu finden ist. Dadurch ist es möglich, in kurzer Zeit tausende Bestellanfragen für beliebige Produkte abzusenden. Der Hacker nutzt den Fehler aus und verursacht dadurch eine sog. Denial-of-Service-Attacke (DoS – Lahmlegen der Webseite z. B. durch massenhafte Anfragen), wodurch der Dienst zur Bestellung für niemanden mehr zur Verfügung steht. Bereits registrierte Kunden können sich deshalb nicht mehr einloggen, um ihre Bestellhistorie zu verfolgen oder ihre Stammdaten zu pflegen. Die Gärtnerei muss kurzfristig einen kompetenten IT-Dienstleister kontaktieren, der sie dabei unterstützt, den Angriff abzufangen und die Sicherheitslücke zu beheben. Die Kosten hierfür und der Umsatzausfall durch den nicht zur Verfügung stehenden Dienst sind erheblich.

Der Serverausfall hätte vermieden werden können, wenn die Software des Online-Shops regelmäßig gepatcht, d. h. auf den aktuellen Stand gebracht und hinsichtlich potentieller Schwachstellen proaktiv untersucht worden wäre.

Diese Beispiele aus dem Alltag zeigen, dass oft schon relativ einfache Maßnahmen dafür sorgen können, ein gesundes Maß an Sicherheit zu erreichen. Für viele Maßnahmen muss man selbst noch kein IT-Spezialist sein, um sie zu kennen und auch anwenden zu können. Bei spezielleren Angelegenheiten ist es jedoch unerlässlich, auf die Beratung und Betreuung durch fachkundiges Personal zurückzugreifen. Das trifft insbesondere dann zu, wenn sensiblere Daten verarbeitet werden. Die Kosten, einen geeigneten Dienstleister im Vorfeld aktiv einzubinden, sind meist deutlich geringer, als im Schadensfall kurzfristig Aufarbeitung und Schadensminimierung durch Externe betreiben zu müssen, zumal dann auch die Gefahr besteht, wegen des Datenschutzverstoßes anderweitig sanktioniert zu werden.

Maßnahmen zur IT-Sicherheit sind also nicht nur eine unverbindliche Empfehlung, sondern vielmehr eine rechtliche Pflicht, der sich die Verantwortlichen bewusst sein müssen. Neben der dauerhaften Sicherstellung von Vertraulichkeit, Integrität, Verfügbarkeit und Belastbarkeit erwähnt der Gesetzestext noch, dass auch die Pseudonymisierung und Verschlüsselung personenbezogener Daten erforderliche Sicherheitsmaßnahmen sein können. Wie solche Maßnahmen konkret im Alltag auch von kleineren Betrieben ausgestaltet werden kann, zeigen jeweils die nachfolgenden Punkte.

3. IT-Sicherheit als Chefsache

Um überhaupt für eine sichere Verarbeitung personenbezogener Daten sorgen zu können, ist Grundvoraussetzung, dass es seitens des Geschäftsführers eine konsequente Unterstützung für dieses Thema gibt. Selbst bei kleineren Unternehmen macht es dabei oft Sinn, IT-Sicherheitsrichtlinien zu erstellen, die die wesentlichen Aspekte für den eigenen sicheren Betrieb umschreiben und vom Geschäftsführer oder Vorstand mitgetragen werden. Viele Betriebe lernen dadurch die eigenen Sicherheitsbedürfnisse erst richtig kennen und können so auch ihre Mitarbeiter sensibilisieren. IT-Sicherheit ohne Unterstützung des Chefs hat keine Chance auf Verwirklichung.

Trotz der schriftlichen Dokumentation der Sicherheitsmaßnahmen, wie z. B. durch Passwortrichtlinien für Arbeitsplatz-PCs, ist klar, dass nicht das Papier, sondern die gelebte Praxis entscheidend ist. Konkret ist es wichtig, die Sicherheit in den Unternehmensalltag mit einfließen zu lassen.

Betriebe mit einer größeren Anzahl an Mitarbeitern sollten einen **IT-Sicherheitsbeauftragten** bestimmen, der mit den erforderlichen Ressourcen ausgestattet ist und die Umsetzung der Sicherheitsmaßnahmen überwacht. Dieser steht auch im engen Dialog mit dem Geschäftsführer und dem Datenschutzbeauftragten.

Die DS-GVO beschreibt, dass bei der Auswahl der Sicherheitsmaßnahmen der Stand der Technik und die Implementierungskosten zu berücksichtigen sind. Das bedeutet schlicht und einfach, dass gerade im IT-Sicherheitsumfeld Budget vorhanden sein muss, um geeignete Soft- und Hardware beschaffen und einsetzen zu können. Entsprechend muss das Unternehmen auch Geld für die erforderliche Grundausstattung (z. B. Firewall) sowie Updates und Anpassungen an der IT-Infrastruktur bereithalten.

BEISPIEL

Eine Kinokette mit mehreren Standorten setzt seit Jahren Windows XP auf allen PCs ein. Selbst die zentrale Webseite, über die sich Kinobesucher registrieren und Karten für Filme reservieren können, wird auf einem veralteten Webserver (Apache 2.2.0) betrieben. Der neue IT-Sicherheitsbeauftragte stellt mit Erschrecken fest, dass diese Systeme nicht mehr dem Stand der Technik entsprechen und sehr hohe Sicherheitsrisiken bestehen. Es existieren bereits zahlreiche Lücken bei diesen Betriebssystemen, die seitens der Hersteller nicht mehr geschlossen werden. Der Geschäftsführer stellt daher Budget zur Verfügung, um auf neue geeignete Betriebssysteme umzustellen, die noch in absehbarer Zeit vom Hersteller unterstützt und mit Updates versorgt werden.

4. Berechtigungsmanagement

Bei der Sicherheit der Verarbeitung geht es nicht nur darum, böswillige Attacken von außen abzuwehren, sondern auch den Risiken mit Sicherheitsmaßnahmen zu begegnen, die sich aus dem „normalen" Arbeitsalltag ergeben. Art. 32 Abs. 4 DS-GVO erwähnt daher explizit, dass die eigenen internen Abläufe im Betrieb so organisiert sein müssen, dass es auch dort nicht zu Sicherheitsverletzungen kommt. Der Artikel lautet auszugsweise: „Der Verantwortliche und der Auftragsverarbeiter unternehmen Schritte, um sicherzustellen, dass ihnen unterstellte […] Personen, die Zugang zu personenbezogenen Daten haben, diese nur auf Anweisung des Verantwortlichen verarbeiten". Anders ausgedrückt: Festlegungen dazu, wer auf welche Daten für welchen Zweck in den jeweiligen Systemen zugreifen darf, sind eine klar benannte Pflicht und an sich Selbstverständlichkeit.

So erscheint es etwa auch in kleinen Betrieben als äußerst ungewöhnlich, wenn ein Auszubildender Zugriff auf Daten des Geschäftsführers oder ein Produktionsmitarbeiter Einblick in das Finanz-Controlling erhält.

Ein gut gepflegtes Berechtigungsmanagement ist deshalb das A und O eines guten Sicherheitskonzepts. Man sollte hierbei nach dem Motto verfahren, jeweils nur die absolut erforderlichen Rechte zu erteilen. Gruppenkennungen (d. h. ein Benutzername und ein Passwort für eine ganze Gruppe) mögen im Alltag oft bequem sein. Sie sind jedoch meist nicht angebracht, da damit weder eine belastbare Vorgangsprotokollierung möglich ist noch für einen ausreichenden Zugriffsschutz gesorgt werden kann. Insbesondere bei administrativen Kennungen (d. h. bei Anmeldung als Administrator) muss eine sehr strenge Reglementierung und Vergabepraxis erfolgen.

TIPP

Bei ausscheidenden Mitarbeitern ist zu gewährleisten, dass die Zugriffsrechte vollständig entzogen werden. Ungut wäre etwa, wenn ein ehemaliger Mitarbeiter über die unternehmenseigene Webplattform weiterhin Zugang zu Kundendaten hätte.

5. Risiken bestimmen und begegnen

Um den gesetzlichen Anforderungen an die Sicherheit der eigenen Datenverarbeitung gerecht zu werden, ist es erforderlich, dass man die eigenen Geschäftsprozesse möglichst gut kennt und dabei die Sicherheitsrisiken bestimmt. Niemand kennt den eigenen Betrieb besser als die Leitung und die Mitarbeiter des Unternehmens. Es ist meist sehr schnell festzustellen, wo personenbezogene Daten verarbeitet werden, z. B.: Haben wir Kunden – welche Daten verarbeiten wir von ihnen? Wo befinden sich unsere Beschäftigten- oder Mitgliederdaten? Haben wir eine Webseite – was machen wir mit den Daten der Webseitenbesucher?

Wenn die eigenen Verarbeitungstätigkeiten bekannt sind, fällt es meist nicht schwer, Risikoquellen zu erkennen. Das können unterschiedliche Akteure bzw. Quellen sein, welche die Sicherheit der Verarbeitung, unbeabsichtigt, unrechtmäßig oder unbefugt gefährden:

- eigene Mitarbeiter
- Dienstleister
- Hacker sowie Skript-Kiddies

- politisch motivierte Gruppen
- staatliche Stellen
- Wettbewerber
- Umwelteinflüsse
- Soft- und Hardwarefehler
- …

Sobald Unternehmen erkennen, welche Risiken bei den verschiedenen Verarbeitungstätigkeiten bestehen, kann diesen gezielt mit geeigneten Sicherheitsmaßnahmen begegnet werden. Es ist dabei hilfreich, die Risiken nach ihrer Eintrittswahrscheinlichkeit und der Schwere des möglichen Schadens zu bestimmen. Dadurch werden leicht „Brennpunkte“ ersichtlich, die direkten Handlungsbedarf erfordern.

Wenn es um eine Risikobeurteilung im Datenschutz geht, kommt es immer auf die Beeinträchtigung der betroffenen natürlichen Personen (d.h. Mitarbeiter, Kunden, Lieferanten usw.) an, nicht auf das wirtschaftliche Risiko für das Unternehmen oder den Verein. Wenn allerdings durch technische und organisatorische Maßnahmen das Risiko für eine Beeinträchtigung einer natürlichen Person, das sich durch die Datenverarbeitung ergeben kann, gering gehalten wird, profitiert das Unternehmen insgesamt davon. Es schützt damit auch die sonstigen Werte des Unternehmens wie Patente, Umsatzzahlen oder Strategieplanungen.

BEISPIEL

Ein Fußballverein erkennt auf der eigenen Webseite die Gefahr, dass gegnerische Fans das Forum mit Hassparolen fluten. Da im Heimatort des Vereins eine rivalisierende gleichklassige Mannschaft mit einer eher aggressiven Fankultur besteht, befürchtet der Vereinsvorstand, dass mit einer sehr hohen Wahrscheinlichkeit die „Fans“ der gegnerischen Mannschaft das Forum nutzen, um einen erheblichen Image-Schaden beim Verein zu erzeugen. Schließlich würde vermutlich die Presse negativ darüber berichten und das eigene Ansehen darunter leiden.

Als Sicherheitsmaßnahme entscheidet sich der Verein deshalb aktiv dazu, Einträge und Kommentare nur registrierten Mitgliedern zu ermöglichen und zudem zwei Vereinsmitglieder als Moderatoren im Forum zu bestimmen, die bei Verstößen gegen die Richtlinien des Forums reagieren und Beiträge löschen können.

6. Verschlüsselung im Alltag

„Verschlüsselung“ ist als eine geeignete Maßnahme zur Sicherheit der Verarbeitung in Art. 32 Abs. 1a DS-GVO aufgeführt. Im Alltag zeigt sich, dass hier gerade kleinere Unternehmen gewisse Berührungsängste haben. Das überrascht an sich, denn die meisten setzen schon jetzt regelmäßig Verschlüsselungsverfahren ein. Das geschieht allerdings unbewusst. Nachfolgend werden Lösungen aufgelistet, die in der Praxis meist ohne großen Aufwand umzusetzen sind und gleichzeitig eine sehr große Wirkung entfalten können:

- E-Mail-Server:

  Die Einstellungen STARTTLS und Perfect Forward Secrecy ermöglichen eine Transportverschlüsselung nach dem Stand der Technik. Dadurch werden E-Mail-Nachrichten zwischen den beteiligten Mailservern im Idealfall durchgängig verschlüsselt, sodass diese auf dem Transport nicht von Unbefugten mitgelesen werden können. Wenn Sie für Ihre E-Mail-Kommunikation einen deutschen Provider nutzen, können Sie davon ausgehen, dass diese Einstellungen vorhanden sind. Wenn Sie einen eigenen E-Mailserver betreiben, müssen Sie darauf achten, dass Ihr IT-Dienstleister diese Einstellungen vornimmt.
- Webseite:

  Sobald personenbezogene Daten auf einer Webseite verarbeitet werden, z. B. über einen Login oder ein Kontaktformular, ist HTTPS als Transportverschlüsselung eine erforderliche Sicherheitsmaßnahme. Die meisten Online-Shops verfügen bereits über ein solches SSL-Zertifikat. Jedoch ist auch die korrekte Umsetzung nach den aktuellen Sicherheitsempfehlungen zu berücksichtigen.
- Dateien, Dokumente und Nachrichten:

  Auch der Inhalt einzelner Dateien kann verschlüsselt werden. Eine Maßnahme mit geringem Aufwand ist hierbei die Zip-Verschlüsselung, bspw. mit AES-256. Hierbei können über ein gewöhnliches Komprimierungsprogramm eine oder mehrere Dateien verschlüsselt und mit einem komplexen Passwort geschützt werden.

  Bei E-Mails ist ähnliches möglich: Entweder man verschickt die Nachrichten per Zip-Verschlüsselung oder man nutzt die etablierten Lösungen wie PGP oder S/MIME.

  Bei der Verwendung von Cloud-Diensten empfiehlt es sich, personenbezogene Daten vor dem Versenden zu verschlüsseln, sodass der Cloud-Anbieter keine Zugriffsmöglichkeit auf diese Daten hat.

- WLAN-Netze:

  Wenn Vereine und kleine Unternehmen WLAN-Netze entweder für eigene Zwecke betreiben oder auch für Gäste zur Verfügung stellen, ist zwingend darauf zu achten, dass diese ausreichend vor unbefugten Zugriffen geschützt werden. So ist einerseits das WLAN-Netz selbst mit WPA2 und einem 20-stelligen Passwort zu betreiben, und anderseits auch der Zugriff auf den WLAN-Router durch entsprechende Passwörter zu verhindern. Voreingestellte Passwörter zur Konfiguration des WLAN-Routers sollten umgehend geändert werden.

- Einwahllösungen:

  Gerade Außendienstmitarbeiter benötigen Zugriff auf das eigene Unternehmensnetz. Hierbei sollte man auf bewährte, sichere Lösungen zurückgreifen. Mittels VPN ist es ohne großen Aufwand möglich, auch von der Ferne über einen sicheren Kanal mit dem eigenen Betrieb Daten auszutauschen.

- Mobile Geräte:

  Der Einsatz von mobilen Geräten, seien es Smartphones, Tablets oder klassische Notebooks, ist mittlerweile in allen Branchen weit verbreitet. Unerlässlich ist es, die Systeme, auf denen sensible personenbezogene Daten gespeichert sind, neben dem Kennwort zum Entsperren des Nutzer-Accounts („Windows-Passwort") auch mit einer Datenträgerverschlüsselung auszustatten. Das Bundesamt für Sicherheit in der Informationstechnik (BSI) empfiehlt dafür z. B. das kostenfreie Produkt VeraCrypt (https://veracrypt.codeplex.com).

  Auf Trends wie „Bring-your-own-device", d. h. Mitarbeiter bringen ihre privaten Geräte mit, um damit dienstlich zu arbeiten, sollte in kleineren Betrieben weitestgehend verzichtet werden, da diese Praxis sich nur mit größerem Aufwand sicher umsetzen lässt.

7. Aktualisierung (Patch-Management)

Wer denkt, egal ob es um Soft- oder Hardware geht, ein sicheres System gekauft zu haben und danach sorgenfrei dauerhaft damit arbeiten zu können, hat die Gefahren im IT-Alltag nicht erkannt. Es ist eine Grunderfahrung, dass es immer Sicherheitslücken geben wird. Daher ist es sehr wichtig, möglichst rasch zu handeln und bekannte Schwachstellen zu reparieren. Weit verbreitete Systeme wie bspw. Content-Management-Systeme (Software zur gemeinschaftlichen Erstellung, Bearbeitung und Organisation von Inhalten) für Webseiten sind ein beliebtes Angriffsziel. Von daher wird es hierbei immer wieder neu entdeckte Lücken geben, die unter Angreifern schnell kommuniziert werden.

Auch kleine Betriebe müssen deshalb im eigenen Interesse sich regelmäßig selbst (z. B. über Suchmaschinen, Presse, Dienstleister) über solche Lücken erkundigen und Herstellerhinweise verfolgen. Ansonsten droht z. B. die Gefahr, ein veraltetes System mit gravierenden Sicherheitslücken im Web zu betreiben und Angriffe womöglich gar nicht wahrzunehmen.

8. E-Mail-Kommunikation richtig einsetzen

Unternehmen nutzen primär E-Mails zum Versenden von Nachrichten beliebiger Art. Immer wieder kommt es dabei zu Anwendungsfehlern, wodurch ungewollt Nachrichten an falsche Empfänger versendet werden. Ein Hinweis in der Fußzeile einer Nachricht, dass diese vertraulich und bitte bei Fehlversendung zu löschen sei, hilft dabei nicht weiter.

Beim Versenden einer E-Mail stehen für den Versender drei grundlegende Möglichkeiten der Adressierung zur Verfügung:

- „An":
  Die E-Mailadresse des Empfängers, für den die Mail unmittelbar bestimmt ist, wird für alle Empfänger der Nachricht sichtbar im „An"-Feld eingetragen.
- „CC":
  Die E-Mailadresse des Empfängers, für den eine Kopie der Mail bestimmt ist, wird für alle Empfänger sichtbar im „CC"-Feld („Carbon Copy") eingetragen.
- „BCC":
  Die E-Mailadresse des Empfängers, der die Mail bekommen soll, ohne dass die in dem „An" oder „CC"-Feld enthaltenen Empfänger davon Kenntnis erlangen, wird nicht-sichtbar im „BCC"-Feld („Blind Carbon Copy", übersetzt etwa „Blindkopie") eingetragen.

E-Mail-Adressen sind in aller Regel personenbezogene Daten. Aus rechtlicher Sicht stellt die Bekanntgabe der E-Mail-Adressen im „An" oder „Cc"-Feld an die anderen Empfänger grundsätzlich eine Datenübermittlung dar, für die eine Rechtsgrundlage erforderlich ist – was z. B. auf Grund eines bestehenden Vertragsverhältnisses der Fall sein kann.

Mögliche unzulässige Datenübermittlungen lassen sich deshalb durch die Verwendung des BCC-Feldes vermeiden. Gerade beim Versenden an mehrere Empfänger, z. B. an die Mitglieder eines Gartenbauvereins, empfiehlt sich die Verwendung der BCC-Funktion. Schließlich stellt bereits die unzulässige Übermittlung von E-Mail-Adressen einen bußgeldfähigen Verstoß dar. In der Vergangenheit wurden gerade bei Fällen, in denen mehrere hundert E-Mail-Adressen im AN-anstelle des BCC-Felds standen, tatsächlich Bußgelder durch Aufsichtsbehörden verhängt.

9. Schadsoftware vorbeugen: Backups

In den vergangenen Jahren hat die Verbreitung von Schadcodes weiter zugenommen. Als eine ganz besondere Form hat sich dabei die Ransomware erwiesen, auch als Erpressersoftware bezeichnet. Der Begriff Ransomware setzt sich aus den Wörtern „Ransom“ (englisch für „Lösegeld“) und „Software“ zusammen. Ist ein Computer mit solcher Ransomware infiziert, sind meist alle Dateien verschlüsselt und ein Zugriff ist nicht mehr wie gewohnt möglich. Auf dem Bildschirm erscheint oft lediglich eine Nachricht des Täters. Sie kündigt an, dass die Verschlüsselung aufgehoben wird, wenn an den Täter ein bestimmter Geldbetrag in Bitcoins transferiert wird. In vielen Fällen findet trotz Zahlung des genannten Betrags keine Rück-Entschlüsselung mehr statt, sodass die betroffenen Betriebe zweifachen Schaden erleiden: Zahlung des Lösegelds und keine Verfügbarkeit wichtiger Daten für den eigenen Betrieb.

Eine zentrale Sicherheitsmaßnahme ist hier vorbeugendes Backup-Management, d. h. die organisierte Erstellung von Datensicherungen. Die Medien, auf denen die Sicherungen stattfinden, sollten dabei nicht mit dem eigentlichen Firmennetz verbunden sein, sodass im Schadensfall die Ransomware sich nicht noch auf das Backup ausbreiten kann.

Entscheidend ist dabei, **regelmäßig** Backups durchzuführen und diese auch längerfristig aufzubewahren. Es kann sein, dass sich die Schadsoftware nicht gleich direkt zu erkennen gibt und zunächst scheinbar gar keine Dateien verschlüsselt, jedoch bereits manipulativ dahingehend tätig wird, auch bei den Datensicherungen die Datensätze zu verschlüsseln. In diesem Fall hilft es, ein älteres Backup zur Verfügung zu haben, das nicht befallen ist.

Auch wenn es schnell und bequem erscheint, Daten lokal auf Arbeitsplatzrechner zu speichern, z. B. auf dem Desktop, sollten die Mitarbeiter sensibilisiert werden, dass die zentralen Datensicherungen über Netzwerklaufwerke erfolgen und auf die lokale Speicherung von Daten verzichtet werden sollte. In jedem Fall muss der Betrieb gewährleisten, dass die relevanten Daten nach dem Grundsatz der Verfügbarkeit auch entsprechend zur Nutzung bereitstehen, wenn sie benötigt werden.

Der wichtigste Schutz gegen Ransomware oder auch sonstige Angriffe von außen stellt die fachkundige Unterrichtung der Mitarbeiter eines Betriebs dar. Da solcher Schadcode nahezu ausschließlich über E-Mail-Anhänge, infizierte Webseiten oder befallene Datenträger erfolgt, sind sog. „Awareness“-Schulungen (dt. Bewusstsein) hilfreich, um die Mitarbeiter auf die Risiken im Alltag hinzuweisen. Dies hilft auch gegen andere Schadsoftware, z. B. wenn Mitarbeiter lernen, Phishing-Nachrichten zu erkennen und auf ausführbare Dateianhänge in E-Mails nicht zu reagieren, d. h. nicht zu öffnen.

TIPP

Betriebe, die selbst von Ransomware betroffen sind, sollten dies unverzüglich bei der örtlichen Polizeidienststelle melden. Sind personenbezogene Daten bei dem Vorfall tangiert und besteht deshalb der Verdacht einer Verletzung des Schutzes personenbezogener Daten betroffener Personen nach Art. 34 DS-GVO, ist zudem die zuständige Datenschutz-Aufsichtsbehörde zu unterrichten. Es ist allgemein darauf zu verzichten, eigenständig auf Lösegeldforderungen einzugehen.

10. Zugang erschweren und verwehren

Wenngleich viele Angriffe auf personenbezogene Daten über das Internet erfolgen, sollten Unternehmen nicht vergessen, ausreichende Schutzmaßnahmen auch für die eigenen Geschäftsräume zu ergreifen, sodass Unbefugten der Zutritt physikalisch erschwert wird.

Dies gilt nicht nur für Büroräume, sondern auch für Orte, die bspw. für Archivzwecke oder als Lager verwendet werden.

Außerhalb der Bürozeiten sind solche Räume meist ohne großen Aufwand ausreichend abzusichern. Falls die zentrale Eingangstür den Sicherheitsanforderungen entspricht, reicht es oft aus, alle Türen abzusperren und ggf. eine Alarmanlage zu installieren. Im Erdgeschoss sollten grundsätzlich keine Fenster sein, die mit geringem Aufwand von außen geöffnet werden können.

Viele Betriebe unterschätzen das Risiko während der Bürozeiten: Oft sind wichtige Türen unverschlossen, um den Arbeitsalltag nicht zu erschweren. Unbefugte können sich dann relativ leicht Zutritt verschaffen, z.B. weil sie unbemerkt bleiben oder alleine in Büroräumen auf einen Mitarbeiter warten. Auch potentielle Kunden, die „sich nur umsehen“, können so Einblick in vertrauliche Daten erhalten.

Es ist daher wesentlich, über den zentralen Eingang zu registrieren, wer im laufenden Betrieb das Gebäude und die entsprechenden Räumlichkeiten betritt. Hier hilft ein Rechtekonzept, bspw. mittels Ausweiskarten oder Sensorchips als Türöffner. Nebeneingänge, die bspw. Mitarbeiter für Raucherpausen nutzen, sollten nicht dauerhaft unverschlossen und unbeobachtet sein.

11. Typische Irrtümer zur IT-Sicherheit

Das Bundesamt für Sicherheit in der Informationstechnik (BSI) stellt auf seiner Internetseite typische Irrtümer zur IT-Sicherheit vor. Diese sollten beachtet werden, bevor man sich selbst in falscher Sicherheit wiegt und daraus Schäden entstehen. Nachfolgend werden Auszüge daraus zitiert. Selbstverständlich lohnt sich die Lektüre der vollständigen Fassung auf der Webseite des BSI unter dem Stichwort „Sicherheitsirrtümer“ (siehe Linkliste am Ende der Broschüre).

Irrtum 1:

„Wenn ich einen Virus oder ein anderes Schadprogramm auf dem Computer habe, macht sich dieser auch bemerkbar.“

Aus der Antwort des BSI:

„Nicht immer kann ein Anwender feststellen, ob sich auf seinem Computer ein Virus oder anderes Schadprogramm eingenistet hat.

Viele Schadprogramme, die unbemerkt auf einem Computer installiert sein können, verfügen über Funktionen zum Identitätsdiebstahl. Sie haben zumeist zum Ziel, den Nutzer auszuspähen, also beispielsweise Zugangsdaten oder Konto- und Kreditkartennummern auszuspionieren und können den Opfern einen erheblichen wirtschaftlichen Schaden zufügen.

Ebenfalls für den Nutzer vollkommen unauffällig verhalten sich Schadprogramme, die einem Angreifer die Fernsteuerung von infizierten Geräten ermöglicht. Diese Art von Schadcode kann beispielsweise durch E-Mail-Anhänge, das Öffnen einer speziell manipulierten Website, oder den Klick auf einen infizierten Werbebanner heimlich in den Computer des Nutzers geschleust werden.“

Irrtum 2:

„Ich habe nichts zu verbergen und keine wichtigen Daten, also bin ich doch kein Ziel für Cyber-Kriminelle und muss mich deshalb nicht schützen.“

Aus der Antwort des BSI:

„Diese Ansicht ist grundlegend falsch, da Cyber-Kriminelle alle verfügbaren Daten für ihre Zwecke nutzen können.

Jeder, der mit einem ungeschützten Gerät im Internet surft, einkauft oder Online-Banking betreibt, nutzt und hinterlässt eine Vielzahl an Daten, für die sich Cyber-Kriminelle interessieren. Das sind nicht unbedingt die auf dem Rechner gespeicherten Urlaubsfotos, Korrespondenzen oder andere private Dokumente. Von einem ungeschützten Rechner können Kriminelle dort gespeicherte oder in das Internet übertragene Zugangs-, Konto- und Kreditkartendaten leicht stehlen und missbrauchen. Auf ungeschützten Systemen können sich zudem Schadprogramme wie Ransomware einnisten.“

Irrtum 3:

„Meine Daten sind doch in der Cloud, darum brauche ich kein Back-up.“

Aus der Antwort des BSI:

„Das ist so nicht richtig. Durch die Nutzung einer Cloud ist nicht garantiert, dass die Daten immer verfügbar sind. (…)

Technische Probleme, Ausfälle beim Dienstleister oder gar die Einstellung eines Cloud-Dienstes sind mögliche Gründe.“

Im Übrigen kann auch die automatische Synchronisation von mittels Ransomware verschlüsselter Dateien den Inhalt des Datenbestands in der Cloud schnell genauso vernichten wie die lokalen Dateien.

Irrtum 4:

„Wenn ich alle Daten von meinem Gerät lösche und anschließend den Papierkorb leere, sind die Daten ein für alle Mal weg.“

Aus der Antwort des BSI:

„Falsch. Um Daten unwiederbringlich von einem Datenträger oder aus einem Gerät zu entfernen, sind zusätzliche Schritte nötig.

Wenn Nutzer ein altes Gerät verkaufen beziehungsweise entsorgen möchten, sollten sie sicherstellen, dass vorher alle Daten sicher gelöscht wurden, um einem möglichen Missbrauch vorzubeugen. Durch das Verschieben von Dateien in den Papierkorb bleiben die Dateien vollständig auf dem Speichermedium erhalten. Auch nach Leeren des Papierkorbs lassen sich Daten mit wenig Aufwand wieder herstellen. (…)“

7. Kapitel. Datenschutzbeauftragter

1. Sinn der Benennung eines Datenschutzbeauftragten

Unter bestimmten Voraussetzungen muss ein Unternehmen oder Verein einen Datenschutzbeauftragten benennen. Das bedeutet: Das Unternehmen und der Verein müssen mit jemandem vereinbaren, dass er im Unternehmen oder Verein diese Funktion wahrnimmt. Der Datenschutzbeauftragte soll den Verantwortlichen, also die Unternehmensleitung oder den Vereinsvorstand, bei Fragen des Datenschutzes fachlich unterstützen. Die Verantwortung dafür, dass der Datenschutz eingehalten wird, bleibt rechtlich gesehen aber beim Verantwortlichen, also dem Geschäftsführer oder Vereinsvorstand selbst. Sie geht nicht auf den Datenschutzbeauftragten über.

Der Datenschutzbeauftragte im Unternehmen oder Verein sollte nicht mit den Landesbeauftragten für den Datenschutz verwechselt werden. So heißen in vielen Bundesländern die staatlichen Aufsichtsbehörden für den Datenschutz (Beispiel: die Landesbeauftragte für den Datenschutz Niedersachsen). Die Aufsichtsbehörden haben eine völlig andere Aufgabe als der Datenschutzbeauftragte im Unternehmen oder Verein. Schlagwortartig lässt sich dies so formulieren:

- Der Datenschutzbeauftragte im Unternehmen oder Verein unterstützt die Selbstkontrolle des Unternehmens oder des Vereins beim Datenschutz („interne Kontrolle“).
- Die Landesbeauftragten für den Datenschutz sind dagegen staatliche Aufsichtsbehörden. Sie sorgen für die Kontrolle von außen („externe Kontrolle“).

Dass es einen Landesbeauftragten für den Datenschutz gibt, führt also nicht dazu, dass ein Unternehmen oder Verein auf den eigenen Datenschutzbeauftragten verzichten könnte.

Manchmal gibt es kritische Stimmen, die einen Datenschutzbeauftragten im Unternehmen oder im Verein für einen unnötigen Beitrag zur Bürokratie halten. Diese Kritik trifft nicht zu. Die Fragen des Datenschutzes stellen sich in der Praxis nun einmal, ob dies willkommen ist oder nicht. Und für vergleichbare Situationen hat man in Unternehmen und Vereinen auch sonst eigene Beauftragte. So haben viele Vereine einen eigenen Jugendbeauftragten, obwohl er – anders als der Datenschutzbeauftragte – nicht gesetzlich vorgeschrieben ist. Der Grund: Wenn es keinen solchen echten Fachmann gibt, fühlen sich zahlreiche „selbst ernannte Experten“ berufen. Oder das Thema Datenschutz kommt im Betrieb gar nicht vor. Beides sind mit Sicherheit schlechtere Alternativen. Für den Datenschutz gelten entsprechende Überlegungen: Ein fachkundiger Datenschutzbeauftragter sorgt dafür, dass Fragen des Datenschutzes aufgegriffen und in Übereinstimmung mit geltendem Recht gelöst werden.

2. Pflicht zur Benennung

Wohl jedes Unternehmen und jeder Verein verarbeitet in irgendeiner Form personenbezogene Daten, bei Unternehmen etwa Daten von Kunden und Mitarbeitern, bei Vereinen Daten von Mitgliedern. Dies allein führt noch nicht dazu, dass ein Datenschutzbeauftragter bestellt werden muss. Vielmehr müssen noch weitere Faktoren hinzukommen. Zum einen spielt die Zahl der Mitarbeiter eine Rolle, zum anderen die Art der Daten, die verarbeitet werden.

Die einschlägigen gesetzlichen Regelungen sind in Art. 37 Abs. 1 DS-GVO und § 38 BDSG-neu enthalten. Sie ergänzen sich und sind nicht wirklich leicht zu verstehen. Im Ergebnis lässt sich aus diesen Regelungen der nachfolgende Fragenkatalog ableiten. Er sollte Schritt für Schritt sorgfältig durchgearbeitet werden. Dann lässt sich die Frage, ob im konkreten Fall ein Datenschutzbeauftragter bestellt werden muss, im Normalfall sofort zuverlässig beantworten.

Fragenkatolog: Muss ein Datenschutzbeauftragter bestellt werden?

Frage 1: *Sind in Ihrem Unternehmen oder Verein mindestens zehn Personen damit beschäftigt, personenbezogene Daten automatisiert zu verarbeiten?* *(Erläuterungen zu Frage 1 finden Sie nach diesem Schaubild)*	Ja →	Ja, es sind mindestens zehn solche Personen vorhanden. Folge: Sie brauchen auf jeden Fall einen Datenschutzbeauftragten. Dies ergibt sich rechtlich aus § 38 Abs. 1 BDSG-neu.
	Nein →	Nein, es sind nicht mindestens zehn solche Personen vorhanden. Folge: Fahren Sie bitte mit Frage 2 fort. Allein die Beschäftigtenzahl ist noch nicht entscheidend dafür, ob Sie einen Datenschutzbeauftragten brauchen.

↓ zu Frage 2

Frage 2: *Verarbeiten Sie in Ihrem Unternehmen oder Verein Daten folgender Art:*

- *Gesundheitsdaten?*
- *Daten zum Sexualleben oder zur sexuellen Orientierung?*
- *genetische Daten?*
- *Daten, aus denen die rassische oder ethnische Herkunft hervorgeht?*
- *Daten, aus denen politische Meinungen hervorgehen?*
- *Daten, aus denen religiöse oder weltanschauliche Überzeugungen hervorgehen?*
- *Daten, aus denen die Gewerkschaftszugehörigkeit hervorgeht?*
- *Daten über strafrechtliche Verurteilungen oder Straftaten?*

↓ Ja	↓ Nein
Ja, wir verarbeiten solche Daten. Folge: Fahren Sie bitte mit Frage 3 fort. Erst diese Frage 3 entscheidet, ob sie tatsächlich einen Datenschutzbeauftragten brauchen.	Nein, wir verarbeiten keine solchen Daten. Folge: Fahren Sie bitte mit Frage 4 fort. Wahrscheinlich brauchen Sie keinen Datenschutzbeauftragten. Dies muss jedoch durch einige ergänzende Fragen abgesichert werden.
↓ zu Frage 3	↓ zu Frage 4
Frage 3: *Ist die Verarbeitung von Daten, die in Frage 2 genannt worden sind, eine Kerntätigkeit Ihres Unternehmens oder Vereins?* *(Erläuterungen zu Frage 3 und der Antwort für „Ja" finden Sie nach diesem Schaubild)*	Frage 4: *Gehört es zur Kerntätigkeit Ihres Unternehmens oder Vereins, Personen in umfangreicher Weise regelmäßig und systematisch zu überwachen?* *(Erläuterungen zu Frage 4 und der Antwort für „Ja" finden Sie nach diesem Schaubild)*

↓ Nein	↓ Ja	↓ Nein	↓ Ja
Nein, die Verarbeitung solcher Daten gehört nicht zu den Kerntätigkeiten des Unternehmens oder Vereins. Folge: Sie brauchen keinen Datenschutzbeauftragten.	Ja, die Verarbeitung solcher Daten gehört zu den Kerntätigkeiten des Unternehmens oder Vereins. Folge: Sie brauchen einen Datenschutzbeauftragten.	Nein, das ist nicht der Fall. Folge: Sie brauchen keinen Datenschutzbeauftragten.	Ja, das ist der Fall. Folge: Sie brauchen einen Datenschutzbeauftragten.

Erläuterungen zu Frage 1:

Eine automatisierte Verarbeitung von Daten liegt immer dann vor, wenn jemand am PC, Laptop oder sonst mit einem EDV-Gerät mit Daten von Menschen umgeht.

Es kommt nicht darauf an, ob die Personen für ihre Tätigkeit bezahlt werden.

BEISPIEL

Wenn in einem Verein die rein ehrenamtlich tätigen Leiter der einzelnen Abteilungen die Daten ihrer „Abteilungsmitglieder“ automatisiert verwalten, zählen diese Leiter mit.

Maßgeblich ist die Zahl der Köpfe, nicht die Zahl der Stellen.

BEISPIEL

In einem Unternehmen arbeiten 15 Teilzeitbeschäftigte, die ständig am PC mit Kundendaten umgehen. Ihre Arbeitszeit ergibt zusammengerechnet lediglich eine Arbeitszeit von acht Vollzeitbeschäftigten. Dennoch sind in diesem Beispiel „mindestens zehn Personen“ (nämlich sogar 15) damit beschäftigt, personenbezogene Daten zu verarbeiten.

Erläuterungen zu Frage 2:

Daten zur sexuellen Orientierung könnte z. B. eine Partnervermittlung verarbeiten, die ihren Kunden entsprechende Fragen stellt.

Daten über strafrechtliche Verurteilungen könnte z. B. ein Verein für Straffälligenhilfe verarbeiten.

In Personalunterlagen sind wegen der Kirchensteuerpflicht immer auch einige Daten enthalten, aus denen die religiöse Überzeugung hervorgeht. Dies allein führt aber noch nicht dazu, dass ein Datenschutzbeauftragter bestellt werden muss. Siehe dazu Frage 3!

Erläuterungen zu Frage 3:

Die Verarbeitung bestimmter Daten gehört dann zur Kerntätigkeit eines Unternehmens oder Vereins, wenn der Zweck des Unternehmens oder Vereins sonst nicht erreicht werden könnte.

BEISPIEL DAFÜR, DASS DER ZWECK OHNE ENTSPRECHENDE DATEN NICHT ERREICHT WERDEN KANN

Ein Unternehmen, das individuell angepasste medizinische Hilfsmittel für Kunden herstellt, kann diese Tätigkeit nur ausüben, wenn es über entsprechende Gesundheitsdaten der Kunden verfügt.

BEISPIEL DAFÜR, DASS DER ZWECK AUCH OHNE ENTSPRECHENDE DATEN ERREICHT WERDEN KÖNNTE

Ein Unternehmen speichert für alle Beschäftigten, ob sie der Kirchensteuerpflicht unterliegen oder nicht. Dies geschieht lediglich aufgrund einer entsprechenden gesetzlichen Verpflichtung. Für die eigentliche Tätigkeit des Unternehmens sind diese Daten ohne Bedeutung.

Wichtig bei Antwort-Variante Ja: Die Zahl der Beschäftigten spielt hier keine Rolle!

BEISPIEL

Ein Hörgeräteakustiker hat lediglich zwei Mitarbeiter. Dies ändert nichts daran, dass die Verarbeitung von Gesundheitsdaten (Daten über die Hörfähigkeit!) zur Kerntätigkeit seines Unternehmens gehört. Folge: Unabhängig von der Zahl der Beschäftigten braucht er einen Datenschutzbeauftragten.

Erläuterungen zu Frage 4:

Bei „normalen“ Vereinen dürfte dies in der Praxis so gut wie nie der Fall sein. Denkbare Ausnahme: Vereine mit wirtschaftlicher Motivation, etwa Vereine von Kaufleuten, die „faule Zahler“ ermitteln sollen.

Typische Beispiele für Unternehmen, bei denen dies der Fall ist: Auskunfteien, Wirtschaftsinformationsdienste, Inkassobüros, Detektive.

Wichtig bei Antwort-Variante „Ja“: Die Zahl der Beschäftigten spielt hier keine Rolle.

BEISPIEL

Eine Personalberatung, die anderen Unternehmen z. B. u. a. die Durchführung regelmäßig wiederkehrender Gefährdungsbeurteilungen zur psychischen Belastung anbietet, besteht bisweilen nur aus ganz wenigen Beschäftigten. Das ändert nichts daran, dass die regelmäßige und systematische Überwachung von betroffenen Personen die Kerntätigkeit dieses Unternehmens ist. Folge: Unabhängig davon, dass es weniger als 10 Beschäftigte gibt, ist ein Datenschutzbeauftragter erforderlich.

3. Freiwillige Benennung eines Datenschutzbeauftragten

Wenn das Gesetz für ein Unternehmen oder einen Verein die Benennung eines Datenschutzbeauftragten nicht vorschreibt, sollte überlegt werden, ob freiwillig ein Datenschutzbeauftragter benannt wird. Dies ist nach dem Gesetz ausdrücklich möglich (siehe Art. 37 Abs. 4 Satz 1 Halbsatz 1 DS-GVO).

Dafür, auch ohne gesetzliche Verpflichtung einen Datenschutzbeauftragten zu benennen, gibt es oft gute Gründe. Denn der Datenschutz in einem Unternehmen oder Verein muss in jedem Fall beachtet werden, egal ob diese zur Benennung eines Datenschutzbeauftragten verpflichtet sind oder nicht. Die Verantwortung hierfür trifft den Verantwortlichen, also die Leitung des Unternehmens oder den Vorsitzenden des Vereins. Falls es keinen Datenschutzbeauftragten gibt, fehlt es ihm dabei an der häufig erforderlichen fachlichen Unterstützung.

4. Benennung eines internen oder externen Datenschutzbeauftragten

Falls ein Datenschutzbeauftragter benannt werden muss, lässt das Gesetz dem Verantwortlichen die Wahl:

- Variante 1: Er beauftragt mit dieser Funktion einen eigenen Mitarbeiter.
- Variante 2: Er beauftragt einen externen Dienstleister.

Beide Möglichkeiten sind nach dem Gesetz gleichwertig. Dies ergibt sich aus Art. 37 Abs. 6 DS-GVO.

Ein eigener Mitarbeiter/ein Vereinsmitglied kann die Funktion als Datenschutzbeauftragter neben anderen Aufgaben und Pflichten wahrnehmen. Dies ergibt sich aus Art. 38 Abs. 6 DS-GVO.

Dabei ist allerdings darauf zu achten, dass es nicht zu einem Interessenkonflikt kommt (so ausdrücklich Art. 38 Abs. 6 Satz 2 DS-GVO).

BEISPIEL FÜR EINEN INTERESSENKONFLIKT, DER NICHT HINGENOMMEN WERDEN DARF

Ein Unternehmen oder Verein ist verpflichtet, einen Datenschutzbeauftragten zu benennen. Es ist vorgesehen, dass der EDV-Verantwortliche des Unternehmens/des Vereins diese Funktion wahrnehmen soll. Dadurch käme es zu einem Interessenkonflikt, der nicht akzeptabel ist. Denn diese Person müsste als Datenschutzbeauftragter das kontrollieren, was sie selbst als EDV-Verantwortlicher tut.

BEISPIEL DAFÜR, DASS KEIN INTERESSENKONFLIKT VORLIEGT

Ein Unternehmen oder Verein ist verpflichtet, einen Datenschutzbeauftragten zu benennen. Das Unternehmen überträgt diese Funktion einem Mitarbeiter der Versandabteilung bzw. der Verein überträgt diese Funktion einem Mitglied, das daneben keine andere offizielle Funktion im Verein hat. Bei diesen Konstellationen weist nichts auf einen Interessenkonflikt hin.

5. Formale Vorgaben für die Benennung

Es ist nicht vorgeschrieben, dass die Benennung schriftlich erfolgt. Gleichwohl kann nur dringend empfohlen werden, sie schriftlich durchzuführen. Denn nur so kann ein Unternehmen oder Verein später gegenüber der Aufsichtsbehörde nachweisen, dass zu jedem Zeitpunkt tatsächlich der vom Gesetz geforderte Datenschutzbeauftragte benannt war.

Muster 2: Benennung eines Mitarbeiters, der neben dieser Funktion noch andere Aufgaben wahrnimmt, zum Datenschutzbeauftragten in einem Unternehmen

Bestellung zum Datenschutzbeauftragten
.... (Bezeichnung und Anschrift des Unternehmens) vertreten durch .... (Name dessen, der für das Unternehmen handelt, z. B. des alleinigen Geschäftsführers) benennt hiermit .... (Name und Vorname des künftigen DSB) zum Datenschutzbeauftragten. Der Datenschutzbeauftragte nimmt in dieser Funktion mit Wirkung ab heute die in Art. 39 Abs. 1 DS-GVO ausdrücklich benannten Aufgaben wahr. Außerdem hat er in jedem Halbjahr eine Datenschutzschulung von mindestens 2 Stunden für die Mitarbeiterinnen und Mitarbeiter des Unternehmens durchzuführen. Der Datenschutzbeauftragte ist mit (*Anteil einsetzen*) … % seiner gemäß Arbeitsvertrag vom (*Datum einsetzen*) festgelegten Arbeitszeit als Datenschutzbeauftragter tätig. Mit (*Anteil einsetzen)* … % seiner Arbeitszeit arbeitet er in der Abteilung (*Abteilungsname einsetzen*) des Unternehmens. Wann der Datenschutzbeauftragte im Rahmen seiner Arbeitszeit diese Funktion wahrnimmt, entscheidet er in eigener Verantwortung. .... (Ort, Datum) .... (Unterschrift, Funktion dessen, der für den Verantwortlichen unterzeichnet) .... (Sinnvoll, aber nicht vorgeschrieben: Empfangsbestätigung durch den Datenschutzbeauftragten mit Ort, Datum und Unterschrift zum Nachweis des Zugangs der Benennung)

Einige Hinweise zum Muster:

Sinnvoll ist es, dem Datenschutzbeauftragten eine Kopie der Benennung auszuhändigen.

Welche Stundenzahl für die Tätigkeit als Datenschutzbeauftragter vorgesehen werden muss, lässt sich nicht pauschal sagen. Wesentlich ist, dass sich der Datenschutzbeauftragte in der Zeit, die ihm dafür zur Verfügung steht, effektiv um den Datenschutz im Unternehmen kümmern kann.

Wichtig ist, dass der Datenschutzbeauftragte auch selbst geeignete Schulungen besuchen darf. Sie als Unternehmen müssen dafür sorgen, dass er das nötige Fachwissen erwirbt.

Muster 3: Benennung eines ehrenamtlich tätigen Datenschutzbeauftragten in einem Verein

Bestellung zum Datenschutzbeauftragten
.... (Bezeichnung des Vereins) vertreten durch .... (Name des Vorsitzenden bzw. des oder der Vertretungsberechtigen für den Verein) benennt hiermit aufgrund des Vorstandsbeschlusses, der am (*Datum einsetzen*) gefasst wurde .... (Name und Vorname des künftigen DSB) zum Datenschutzbeauftragten. Der Datenschutzbeauftragte ist ehrenamtlich tätig und nimmt in dieser Funktion die in Art. 39 Abs. 1 DS-GVO ausdrücklich benannten Aufgaben wahr. Außerdem hat er in jedem Halbjahr eine Datenschutzschulung von mindestens 2 Stunden für die Mitglieder des Vereins durchzuführen. .... (Ort, Datum) .... (Unterschrift des Vorsitzenden bzw. des oder der Vertretungsberechtigen für den Verein) .... (Sinnvoll, aber nicht vorgeschrieben: Empfangsbestätigung durch den Datenschutzbeauftragten mit Ort, Datum und Unterschrift zum Nachweis des Zugangs der Benennung)

6. Aufgaben des Datenschutzbeauftragten

Der Datenschutzbeauftragte hat die im Folgenden genannten Aufgaben zur Kontrolle und als Unterstützung für die Geschäftsleitung oder den Vereinsvorstand zu erfüllen. Die Verantwortung dafür, wie ein Unternehmen oder ein Verein mit der Einhaltung der Datenschutzvorschriften umgeht, bleibt bei der Geschäftsleitung bzw. dem Vereinsvorstand.

Art. 39 Abs. 1 DS-GVO sieht im Wesentlichen folgende gesetzliche Aufgaben des Datenschutzbeauftragten vor:

- Unterrichtung und Beratung des Verantwortlichen und der Beschäftigten hinsichtlich ihrer Pflichten nach Datenschutzrecht
- Überwachung der Einhaltung der gesetzlichen Datenschutzvorschriften
- Beratung im Zusammenhang mit Datenschutz-Folgenabschätzungen
- Zusammenarbeit mit der Aufsichtsbehörde
- Anlaufstelle für die Aufsichtsbehörde in Fragen, die mit der Verarbeitung personenbezogener Daten zusammenhängen
- Beratung betroffener Personen gemäß Art. 38 Abs. 4 DS-GVO

Der Datenschutzbeauftragte kann zur Klärung von Fragen unmittelbar mit der Aufsichtsbehörde kommunizieren. Nicht er ist aber dafür verantwortlich, wie im Unternehmen mit den personenbezogenen Daten umgegangen wird. Das ist und bleibt in der Verantwortung der Geschäftsleitung bzw. des Vereinsvorstands. Datenschutz ist und bleibt Chefsache.

7. Meldung an die Aufsichtsbehörde

Das Gesetz sieht vor, dass der Verantwortliche die Kontaktdaten des Datenschutzbeauftragten der Aufsichtsbehörde mitteilt (Art. 37 Abs. 7 DS-GVO).

Es ist zu erwarten, dass die meisten Aufsichtsbehörden für diese Meldung ein Online-Formular zur Verfügung stellen werden.

Soweit dies nicht der Fall ist, sollte man sich an folgendem Muster orientieren:

Muster 4: Mitteilung eines Datenschutzbeauftragten an die Aufsichtsbehörde

Nr.	Inhalt	Pflicht	Bemerkung
1	**Anlass der Mitteilung**		
1.1	Art der Mitteilung: Erstmitteilung	ja	
1.2	Mitteilungspflichtige Stelle-ID (mpS-ID)	auto.[1]/ja	Wird bei Erstmitteilung automatisch vergeben, muss bei Änderungsmitteilungen angegeben werden
1.3	Art der Mitteilung: Änderungsmitteilung	ja	
1.4	Ab wann gilt Änderungsmitteilung?	ja	
1.5	Art der Mitteilung: Löschungsmitteilung	ja	
1.6	Ab wann gilt Löschungsmitteilung?	ja	
1.7	Datum der Mitteilung		wird automatisch erstellt
1.8.	Lfd. Nummer des Mitteilungsvorgangs		wird automatisch erstellt
2	**Angaben zur mitteilungspflichtigen Stelle**		
2.1	Name des mitteilungspflichtigen Stelle (mpS)	ja	Verantwortlicher oder Auftragsverarbeiter, d. h. Unternehmen, Unternehmensgruppe, Behörde, sonst. öffentliche Stelle; Pflichtfeld bei Ersteingabe, wird bei Folgeeingaben nach Eingabe der mpS-ID automatisch ausgefüllt
2.2	Anschrift mpS: Straße und Hausnummer	ja/auto.	Pflichtfeld bei Ersteingabe, wird bei Folgeeingaben nach Eingabe der mpS-ID automatisch ausgefüllt
2.3	Anschrift mpS: PLZ	ja/auto.	Pflichtfeld bei Ersteingabe, wird bei Folgeeingaben nach Eingabe der mpS-ID automatisch ausgefüllt
2.4	Anschrift mpS: Ort	ja/auto.	Pflichtfeld bei Ersteingabe, wird bei Folgeeingaben nach Eingabe der mpS-ID automatisch ausgefüllt
2.5	Telefonnummer der mpS	nein	
2.6	Mail-Adresse der mpS	ja/auto.	Pflichtfeld bei Ersteingabe, wird bei Folgeeingaben nach Eingabe der mpS-ID automatisch ausgefüllt; wird für Eingangsbestätigung zur Mitteilung benötig.
2.7	URL der mpS	nein	
3	**Angaben zum Mitteilenden**		
3.1	Name des Mitteilenden	ja	
3.2	Funktion des Mitteilenden	nein	
3.3	Telefon des Mitteilenden	nein	Sinnvoll für eventuelle Rückfragen zur Meldung

[1] auto. = automatisch

Nr.	Inhalt	Pflicht	Bemerkung
3.4	Mail-Adresse des Mitteilenden	ja	Wird für Eingangsbestätigung zur Mitteilung benötig.
4	**Angaben zum Datenschutzbeauftragten (DSB)**		
4.1	Anrede des DSB	ja	Pflichtfeld bei Ersteingabe, wird bei Folgeeingaben nach Eingabe der mpS-ID automatisch ausgefüllt
4.2	Name des DSB	ja	Pflichtfeld bei Ersteingabe, wird bei Folgeeingaben nach Eingabe der mpS-ID automatisch ausgefüllt
4.3	Vorname des DSB	ja	Pflichtfeld bei Ersteingabe, wird bei Folgeeingaben nach Eingabe der mpS-ID automatisch ausgefüllt
4.4	Anschrift DSB[2]: Straße und Hausnummer	nein	
4.5	Anschrift DSB: PLZ	nein	
4.6	Anschrift DSB: Ort	nein	
4.7	Telefonnummer des DSB	nein	
4.8	Mail-Adresse des DSB	ja	Pflichtfeld bei Ersteingabe, wird bei Folgeeingaben nach Eingabe der mpS-ID automatisch ausgefüllt
4.9	Datum der Benennung des DSB	nein	
4.10	Erfüllt DSB seine Aufgaben auf der Grundlage eines Dienstleistungsvertrages?	nein	ja, wenn externer DSB, nein, wenn interner DSB
4.11	Falls interner DSB, welche sonstige Funktion im Unternehmen hat er?	nein	Notwendig, um mögliche Interessenskonflikte gemäß Art. 36 Abs. 6 Satz 2 DS-GVO zu erkennen.

8. Veröffentlichung der Kontaktdaten des Datenschutzbeauftragten

Das Gesetz sieht vor, dass der Verantwortliche die Kontaktdaten des Datenschutzbeauftragten veröffentlicht. Dies soll vor allem ermöglichen, dass sich Betroffene an den Datenschutzbeauftragten wenden können.

Eine solche Veröffentlichung geschieht sinnvollerweise im Internet. Dabei ist es nicht notwendig, den Namen oder gar die persönliche Anschrift des Datenschutzbeauftragten öffentlich zu machen. Vielmehr genügt beispielsweise eine E-Mail-Funktionsadresse. Sie könnte wie folgt aussehen: datenschutzbeauftragter@x-verein.de. Dabei muss jedoch sichergestellt werden, dass Eingänge unter dieser Adresse regelmäßig abgerufen werden (beispielsweise einmal in der Woche) und dass diese auch nur vom Datenschutzbeauftragten oder seinem Vertreter gelesen werden können.

[2] Dienstanschrift

8. Kapitel. Rechte von betroffenen Personen (Betroffenenrechte)

Die DS-GVO schützt die Rechte und Freiheiten natürlicher Personen (siehe Definition 8) und insbesondere deren Recht auf Schutz personenbezogener Daten. Um diesen Schutz zu erreichen, sieht die DS-GVO zahlreiche sog. Betroffenenrechte vor, die die Betroffenen in die Lage versetzen sollen, zu wissen, wer welche Informationen über sie zu welchem Zweck gespeichert hat und wie er sie nutzt. Die Anforderungen, diesen Betroffenenrechten gerecht zu werden, sind für Unternehmen und Vereine nicht leicht zu erfüllen. Nicht nur das enorm hohe Bußgeld, mit dem Verstöße geahndet werden können, sondern auch das Interesse der Verantwortlichen, mit den Daten ihrer Mitarbeiter, Kunden oder Mitglieder ordentlich umzugehen, sollte Motivation genug sein, sich mit dem Thema auseinander zu setzen.

Diese Betroffenenrechte verpflichten Unternehmen und Vereine einerseits, aktiv im Wege einer transparenten Information über die von ihnen geplante Datenverarbeitung zu informieren. Andererseits müssen **re**aktiv Anforderungen auf Auskunft, Berichtigung, Löschung, Einschränkung der Verarbeitung, Übertragung der Daten, Widerspruch gegen die Verarbeitung und das Recht, nicht ausschließlich Objekt eines Computerprogramms zu sein, unverzüglich erfüllt werden können.

DEFINITION 8:

Rechte und Freiheiten natürlicher Personen umfassen die Grundrechte und Grundfreiheiten, die durch die Europäische Menschenrechtskonvention (EMRK) und die EU-Grundrechtecharta geschützt werden. Konkrete Ausgestaltungen können sich ferner im sonstigen europäischen, aber auch deutschem Recht finden. Beispielsweise gehören neben den Grundrechten auch Geschäftsgeheimnisse, Rechte des geistigen Eigentums und insbesondere das Urheberrecht dazu.

1. Transparente Information

Die Verpflichtung zur transparenten Information bedeutet, dass wann immer ein Verein oder Unternehmen mit personenbezogenen Daten von Betroffenen umgehen möchte, diese Betroffenen in „präziser, transparenter, verständlicher und leicht zugänglicher Form in einer klaren und einfachen Sprache“ (so Art. 12 Abs. 1 DS-GVO) darüber zu informieren sind, was zu welchem Zweck mit den personenbezogenen Daten gemacht werden soll. Und zwar bevor es tatsächlich passiert. Konkret muss man insbesondere informieren über:

- Namen und Kontaktdaten des Verantwortlichen
- Kontaktdaten eines Datenschutzbeauftragten, sofern vorhanden
- Zwecke, für die die personenbezogenen Daten verarbeitet werden sollen und die Rechtsgrundlagen dafür
- Interessen des Verantwortlichen, wenn er Daten auf der Basis einer Interessenabwägung verarbeiten möchte
- Empfänger der Daten, wenn der Verantwortliche sie weitergeben möchte

Ferner müssen Verantwortliche den betroffenen Personen u. a. folgende Informationen, die nach der DS-GVO erforderlich sind, um eine faire und transparente Verarbeitung zu gewährleisten, zur Verfügung stellen:

- Dauer der Speicherung der Daten oder Kriterien für die Löschung
- Hinweis auf Recht auf Auskunft, Berichtigung, Löschung usw. (siehe unten)
- Hinweis, dass eine Einwilligung jederzeit grundlos widerrufen werden kann und
- Hinweis auf Beschwerderecht bei der Aufsichtsbehörde

2. Auskunft

Das Recht auf Auskunft ist wie die meisten anderen Betroffenenrechte nichts Neues. Es ist das am meisten in Anspruch genommene (Betroffenen-) Recht, was sich schon daraus erklärt, dass man die anderen (Betroffenen-)Rechte auf Berichtigung oder Löschung erst dann ausüben kann, wenn man erfahren hat, welche Daten bei dem Verantwortlichen überhaupt vorhanden sind.

Eine Auskunft ist nicht automatisch zu erteilen, sondern nur, wenn ein konkreter Antrag vorliegt. Wichtig ist dabei, dass man sich als Verantwortlicher darüber vergewissert, dass der Antragsteller der ist, der er vorgibt, zu sein. Nur wenn man eine hinreichende Sicherheit darüber hat, dass es der richtige Antragsteller ist, darf man die entsprechende Auskunft erteilen. In Zweifelsfällen kann es erforderlich sein, sich weitere Angaben oder Nachweise über die Identität des Antragstellers zuschicken zu lassen.

In kleineren Unternehmen oder Vereinen, in denen die elektronische Speicherung der Daten auf einem PC oder einem kleinen Netzwerk erfolgt, sollte es relativ leicht möglich sein, den Anspruch auf Auskunft zu erfüllen. Wenn man keine Daten von der Person hat, die ein Auskunftsrecht geltend macht, ist man dennoch verpflichtet, dies dem Antragsteller mitzuteilen.

Wenn man von dem Antragsteller personenbezogene Daten gespeichert hat, muss man ihm diese nicht als Fotokopie, aber als Abschrift, d. h. als schriftliche oder elektronische Zusammenfassung zukommen lassen und insbesondere folgende weitere Informationen mitteilen:

- Zweck der Verarbeitung
- Kategorien personenbezogener Daten
- Empfänger der Daten
- geplante Speicherdauer
- Hinweis auf sonstige Betroffenenrechte und Beschwerdemöglichkeit bei der Aufsichtsbehörde

Die Auskunft darf nicht nur die Kategorien (Name, Anschrift, Ort usw.) benennen, sondern muss den konkreten Inhalt dieser Kategorie bezeichnen (Max Mustermann, Hauptstraße 1, 12345 Berlin). Nur auf der Basis dieser Informationen kann der Betroffene prüfen, ob die Daten richtig sind und die Auskunft vollständig ist.

Die Auskunft muss der Verantwortliche kostenlos zur Verfügung stellen (und auch das Porto selbst tragen). Falls der Antragsteller weitere Kopien haben möchte, kann der Verantwortliche dafür ein angemessenes Entgelt verlangen.

3. Berichtigung, Löschung und Einschränkung der Verarbeitung

Der Anspruch auf Berichtigung bezieht sich auf die Korrektur falscher Daten.

Dem Anspruch auf Löschung muss gefolgt werden, wenn für die Erfüllung des ursprünglichen Zwecks die weitere Speicherung der personenbezogenen Daten nicht mehr erforderlich ist, der Betroffene seine Einwilligung widerrufen hat und es keine andere Rechtsgrundlage für die weitere Speicherung der Daten gibt. Auch wenn personenbezogene Daten unrechtmäßig, d.h. von Anfang an ohne Rechtsgrundlage erhoben und verarbeitet wurden, sind sie zu löschen.

Gibt es einen Streit darüber, ob die Daten richtig oder unrichtig sind, hat die betroffene Person einen Anspruch auf Einschränkung der Verarbeitung. Der Verantwortliche darf die Daten dann zwar noch speichern, aber nicht mehr in sonstiger Art und Weise verarbeiten, also beispielsweise einem Dritten übermitteln oder für Werbezwecke nutzen.

Als Nachweis der Berichtigung kann der Verantwortliche dem Betroffenen die aktualisierten Daten mitteilen. Als Nachweis der Löschung kann, da die Daten nicht mehr vorhanden sind, lediglich eine Information darüber dienen, dass die Daten gelöscht wurden.

4. Datenübertragbarkeit

Das einzig wirklich neue Betroffenenrecht der DS-GVO ist das Recht auf Datenübertragbarkeit. Es regelt den Anspruch, dass die betroffene Person die sie betreffenden personenbezogenen Daten, die sie einem Verantwortlichen mitgeteilt hat, in einem gängigen Format zur Verfügung gestellt bekommt oder auch an einen anderen Verantwortlichen weitergeben lassen kann. Es betrifft also nur die Daten, die die betroffene Person selbst übermittelt hat und nicht die Erkenntnisse daraus, die ein Verantwortlicher gezogen hat.

Wer z.B. einem Onlineshop Name, Anschrift und Bankverbindung mitgeteilt hat, kann verlangen, dass der Onlineshop ihm diese Daten „zurück" oder auf Wunsch der betroffenen Person an einen anderen Onlineshop weitergibt. Die Erkenntnis, dass ein Kunde bestimmte Kaufvorlieben, ein verzögertes Zahlungsverhalten oder eine erhöhte Retourenquote hat, sind dagegen keine Daten, die der Betroffene mitgeteilt hat, sondern Schlüsse, die der Onlineshop aus dem Verhalten des Kunden gezogen hat. Diese sind nicht vom Recht auf Datenübertragbarkeit umfasst.

5. Widerspruch gegen die Verarbeitung

Wenn ein Verantwortlicher sich als Rechtfertigung für seine Verarbeitung auf eine Interessenabwägung beruft (siehe Seite 22), kann eine betroffene Person dieser Verarbeitung widersprechen, muss dafür aber plausible Gründe nennen. Nur dann, wenn der Verantwortliche in Kenntnis dieser (neuen) Gründe des Betroffenen zwingende schutzwürdige eigene

Gründe nachweisen kann, darf er die Verarbeitung fortsetzen.

Bezieht sich der Widerspruch dagegen lediglich auf Werbemaßnahmen, muss die betroffene Person keine plausiblen Gründe vortragen. Der Verantwortliche ist in diesem Fall immer verpflichtet, in Zukunft (bereits laufende Werbeaktionen ausgenommen) auf Werbemaßnahmen gegenüber dieser betroffenen Person zu verzichten.

6. Recht, keiner automatisierten Entscheidung unterworfen zu werden

Das Recht, nicht einer ausschließlich auf einer automatisierten Verarbeitung beruhenden Entscheidung unterworfen zu werden, die einer betroffenen Person gegenüber rechtliche Wirkung entfaltet oder sie in ähnlicher Weise erheblich beeinträchtigt, bedeutet, dass man in aller Regel einen Anspruch darauf hat, dass nicht ein Computer alleine darüber entscheiden darf, wie mit den personenbezogenen Daten einer betroffenen Person umgegangen wird bzw. welche Konsequenzen aus einer Verarbeitung gezogen werden. Dies gilt aber insbesondere dann nicht, wenn es eine Rechtsvorschrift gibt, die dies erlaubt oder anordnet oder wenn die betroffene Person ausdrücklich dazu eingewilligt hat.

In kleinen Unternehmen oder auch in Vereinen dürfte dieser Fall nur eine sehr geringe Bedeutung haben, da in diesen Fällen ganz überwiegend noch eine individuelle Kommunikation stattfinden wird.

7. Fazit

Es ist nicht leicht, diese Betroffenenrechte immer so zu erfüllen, wie das Gesetz es verlangt. Insbesondere wird es kaum gelingen, den Anforderungen gerecht zu werden, wenn man es nicht geplant und geübt hat.

Die DS-GVO bestimmt in Art. 12, dass der Verantwortliche geeignete Maßnahmen zu treffen hat, um die Betroffenenrechte erfüllen zu können. Er muss sie auch nicht irgendwann, sondern „unverzüglich“, spätestens innerhalb eines Monats erfüllen.

Es ist deshalb für Unternehmen und Vereine notwendig, sich darauf vorzubereiten, dass die oben genannten Rechte von den betroffenen Personen in Anspruch genommen werden.

TIPP

Tun Sie also so, als ob jemand einen Anspruch auf Auskunft, Löschung oder Übertragung der Daten gestellt hat und testen Sie, ob Sie derartige Ansprüche zeitnah erfüllen können (ähnlich einer Feuerwehrübung).

Zur Erfüllung dieser Ansprüche von betroffenen Personen wird es hilfreich sein, wenn Sie ein vollständiges und aktuelles Verzeichnis Ihrer Verarbeitungstätigkeiten haben. Denn daraus können Sie ersehen, welche Daten in welchem Bereich Ihres Unternehmens oder Vereins verarbeitet werden. Sie sind dadurch in der Lage, diese Daten schnell und vollständig zusammenzuführen, um eine vollständige Auskunft erteilen zu können.

HINWEIS: Wenn Sie diesen Betroffenenrechten nicht zeitnah nachkommen können und sich Betroffene bei der Aufsichtsbehörde beschweren, bleibt der Aufsichtsbehörde nicht viel anderes übrig als Sie zur Einhaltung Ihrer gesetzlichen Verpflichtung anzuhalten und Ihr Fehlverhalten zu sanktionieren. Warum Sie ihrer Verpflichtung nicht nachgekommen sind, spielt dann nur noch eine ganz untergeordnete Rolle. Seien Sie vorbereitet!

9. Kapitel. Verletzung des Schutzes personenbezogener Daten

1. Überblick zu den Regelungen

Kommt es zu einer „Verletzung des Schutzes personenbezogener Daten“ (siehe Definition 9), dann muss der Verantwortliche dies im Normalfall der zuständigen Aufsichtsbehörde melden. Diese Meldung muss er unaufgefordert von sich aus machen. So legt es Art. 33 Abs. 1 Satz 1 DS-GVO fest.

> **DEFINITION 9:**
>
> **Verletzung des Schutzes personenbezogener Daten** ist eine Verletzung der Sicherheit, die, ob unbeabsichtigt oder unrechtmäßig, zur Vernichtung, zum Verlust, zur Veränderung oder zur unbefugten Offenlegung von bzw. zum unbefugten Zugang zu personenbezogenen Daten führt, die übermittelt, gespeichert oder auf sonstige Weise verarbeitet wurden.

Unterlässt der Verantwortliche die Meldung, droht ein erhebliches Bußgeld (Art. 83 Abs. 4 Buchstabe a DS-GVO). Das gilt auch dann, wenn die Verletzung des Schutzes personenbezogener Daten nicht zu einem nachweisbaren Schaden für betroffene Personen geführt hat.

Mit dieser strengen Meldepflicht will das Gesetz sicherstellen, dass Verletzungen des Schutzes personenbezogener Daten nicht unter den Teppich gekehrt werden. Die Meldepflicht soll dafür sorgen, dass negative Folgen solcher Schutzverletzungen wenn möglich noch verhindert werden können. Sollten bereits negative Folgen eingetreten sein, sollen sie soweit wie möglich zumindest abgemildert werden.

Vor diesem Hintergrund besteht aller Anlass, sich mit den Regelungen genau vertraut zu machen. Dabei sollte man folgende Fragen unterscheiden:

- Was genau ist eine „Verletzung des Schutzes personenbezogener Daten“? (Siehe dazu nachfolgend Ziffer 2)
- Was ist bei der Meldung an die Aufsichtsbehörde zu beachten? (Siehe dazu nachfolgend Ziffer 3).
- Unter welchen Voraussetzungen ist es notwendig, auch die betroffenen Personen zu benachrichtigen? (Siehe dazu nachfolgend Ziffer 4)
- Was ist bei einer Benachrichtigung betroffener Personen zu beachten? (Siehe dazu nachfolgend Ziffer 5)

Für das Verhalten bei einer Verletzung des Schutzes personenbezogener Daten lassen sich folgende Faustregeln aufstellen:

- Bei einer Verletzung des Schutzes personenbezogener Daten ist immer zügiges Handeln geboten. Abwarten und Aussitzen machen den Schaden normalerweise nur noch schlimmer.
- Externer Rat durch Fachleute ist nahezu immer zu empfehlen. Dies vermeidet, dass wichtige Punkte in einer Stresssituation übersehen werden.
- Die Aufsichtsbehörde sollte im Zweifel lieber einmal zu viel als einmal zu wenig benachrichtigt werden. Die Meldung wird im Normalfall keinen Schaden anrichten, der durch die Datenpannen nicht ohnehin schon entstanden ist.
- Die Benachrichtigung der betroffenen Personen sollte dagegen sehr genau geprüft werden. Aus ihr können sich rechtliche Konsequenzen ergeben, die für den Verantwortlichen mit erheblichen Nachteilen verbunden sind.

2. Klärung des Begriffs „Verletzung des Schutzes personenbezogener Daten“

Die gesetzliche Definition der Verletzung des Schutzes personenbezogener Daten (s. o.) ist schwierig zu verstehen und zum Teil unklar. Sie lässt sich in etwa wie folgt übersetzen:

- Der Begriff „Verletzung des Schutzes personenbezogener Daten“ bezeichnet
  - jede Verletzung der Sicherheit
  - in Bezug auf personenbezogene Daten,
  - die eine negative Konsequenz hinsichtlich dieser Daten haben kann.
- Als solche negative Konsequenz hinsichtlich der Daten ist folgendes denkbar:
  - Vernichtung der Daten (= Die Daten existieren nicht mehr.)
  - Verlust der Daten (= Die Daten existieren zwar noch irgendwo, sind aber für den Verantwortlichen nicht mehr greifbar.)

- Veränderung der Daten (= Die Daten sind inhaltlich nicht mehr zuverlässig.)
- Unbefugte Offenlegung der Daten (= Die Daten sind nicht mehr geschützt und Personen, die diese Daten gar nichts angehen, können sie möglicherweise zur Kenntnis nehmen.)
- Unbefugter Zugang zu den Daten (= Unbefugte haben Zugriff auf die Daten erhalten.)

- Es kommt nicht darauf an, um welche Art von Daten es sich handelt, solange sie personenbezogen sind. Es muss sich also nicht um besondere Kategorien von Daten im Sinn von Art. 9 DS-GVO (Gesundheitsdaten usw.) handeln.
- Es spielt keine Rolle, ob die Verletzung der Sicherheit absichtlich oder unbeabsichtigt erfolgt ist.
- Verletzung muss nicht bedeuten, dass es zu einem Schaden für die betroffene Person kommen wird oder kann.

BEISPIELE FÜR VERLETZUNGEN DES SCHUTZES PERSONENBEZOGENER DATEN

- Jeder Mitarbeiter hat Zugriff auf alle Kundendaten, die im Unternehmen vorhanden sind. Deshalb kann er auch auf Daten von Kunden zugreifen, deren Aufträge er nach der internen Arbeitsverteilung gar nicht zu bearbeiten hat. Die Daten wurden den Mitarbeitern damit unbefugt offengelegt. Damit konnten die Mitarbeiter auch potentiell unbefugt Zugang zu den Daten erhalten. Es zählt also nicht, ob sie diese auch wirklich angesehen haben.
- Ein Einbrecher ist in die Büroräume eines Unternehmens eingedrungen und hat Feuer gelegt. Dieses Feuer hat die vorhandenen Festplatten „durchgeglüht". Die Daten können auch durch ein sofort beauftragtes Fachunternehmen nicht mehr hergestellt werden. Die Daten sind vernichtet.

3. Pflicht zur Meldung an die Aufsichtsbehörde

Wenn es zu einer Verletzung des Schutzes personenbezogener Daten gekommen ist, muss dies der Verantwortliche unverzüglich an die Aufsichtsbehörde melden (siehe Art. 33 Abs. 1 Satz 1 DS-GVO).

Diese Meldepflicht entfällt nur dann, wenn „die Verletzung des Schutzes personenbezogener Daten voraussichtlich nicht zu einem Risiko für die Rechte und Freiheiten natürlicher Personen führt." Eine solche Ausnahme wird in der Praxis nur sehr selten vorliegen.

BEISPIEL

Akten, die personenbezogene Daten enthalten, hätten an sich schon längst gelöscht werden müssen. Dies ist aber unterblieben. Die Akten werden bei einem Brand zerstört. Hier ist davon auszugehen, dass es nicht mehr zu einem Risiko für die betroffenen Personen kommen kann. Deshalb entfällt die Meldepflicht.

GEGENBEISPIEL

Daten, die längst hätten gelöscht werden müssen, sind auf einer Festplatte gespeichert. Ein Angriff mit einer Erpressersoftware bewirkt, dass der Zugriff auf diese Daten nicht mehr möglich ist. Hier kann durchaus noch ein Risiko für die betroffenen Personen eintreten. Die Daten sind nämlich an sich noch vorhanden und es ist nicht festzustellen, was mit ihnen genau geschehen ist. Möglicherweise sind sie unbefugt kopiert worden, ohne dass dies nachgeprüft werden kann. Die Meldepflicht entfällt deshalb nicht.

Naturgemäß besteht die Meldepflicht erst, nachdem dem Verantwortlichen die Verletzung bekannt wurde.

Der Verantwortliche muss durch entsprechende interne Abläufe dafür sorgen, dass er von solchen Verletzungen auch tatsächlich erfährt. Die Meldepflicht entfällt also nicht dadurch, dass der Verantwortliche sich „blind und taub stellt". Das wäre mit dem Zweck der Regelung nicht vereinbar.

Die Meldung an die Aufsichtsbehörde muss unverzüglich erfolgen. „Unverzüglich" heißt, dass der Verantwortliche ohne schuldhaftes Zögern handeln muss. Er darf also zunächst einmal versuchen, den Sachverhalt aufzuklären. Gerade Schutzverletzungen, bei denen der Sachverhalt zunächst im Einzelnen noch unklar ist, können aber besonders gefährlich sein. Sollte also klar sein, dass „etwas nicht stimmt", tritt die Meldepflicht bereits zu diesem Zeitpunkt ein und nicht erst dann, wenn alle Einzelheiten geklärt sind.

Dies wird durch Art. 33 Abs. 4 DS-GVO bestätigt. Demnach darf der Verantwortliche der Aufsichtsbehörde Informationen auch schrittweise zur Verfügung stellen, „wenn und soweit die Informationen nicht zur gleichen Zeit bereitgestellt werden können." Dies heißt umgekehrt: Die Meldepflicht besteht bereits dann, wenn erste belastbare Informationen vorliegen. Es ist nicht notwendig, dass die Informationen bereits vollständig sind.

Es ist dringend davor zu warnen, hier „Tricksereien" zu versuchen, um die Meldepflicht zu umgehen. Das Gesetz schreibt nämlich vor, dass der Verantwortliche alle Fakten, die im Zusammenhang mit einer Schutzverletzung stehen, genau dokumentieren muss (siehe Art. 33 Abs. 5 Satz 1 DS-GVO). Fehlt es an einer solchen Dokumentation, kann auch das zu einem Bußgeld führen.

Das Gesetz spricht davon, dass die Meldung an die Aufsichtsbehörde „möglichst binnen 72 Stunden" erfolgen muss, nachdem die Verletzung bekannt wurde (siehe Art. 33 Abs. 1 Satz 1 DS-GVO). Wird diese Frist überschritten, ist der Meldung eine Begründung für die Verzögerung beizufügen. Indirekt gibt diese Frist auch einen Rahmen dafür vor, wie lange maximal versucht werden darf, den Sachverhalt genauer zu ermitteln. Länger als 72 Stunden darf man sich dafür nur in ganz ungewöhnlichen Fällen Zeit lassen.

Der Inhalt einer Meldung an die Aufsichtsbehörde ist in Art. 33 Abs. 2 DS-GVO detailliert vorgeschrieben. Voraussichtlich werden bis zum Inkrafttreten der DS-GVO am 25. Mai 2018 mehr oder weniger alle Aufsichtsbehörden entsprechende Online-Meldeformulare zur Verfügung stellen. Das Bayerische Landesamt für Datenschutzaufsicht hat dies bereits getan, siehe Linkliste am Ende der Broschüre.

4. Pflicht zur Benachrichtigung der betroffenen Personen

Jede Verletzung des Schutzes personenbezogener Daten betrifft die Personen, um deren Daten es geht. Das allein führt jedoch noch nicht dazu, dass diese Personen über die Schutzverletzung informiert werden müssen. Das Gesetz schreibt eine solche Information vielmehr nur dann vor, wenn die Schutzverletzung „voraussichtlich ein hohes Risiko für die persönlichen Rechte und Freiheiten" dieser Personen zur Folge hat (siehe Art. 34 Abs. 1 DS-GVO).

Eine solche Prognose ist schwierig. Deshalb erfolgt sie am Sinnvollsten im Zusammenwirken mit der zuständigen Aufsichtsbehörde. Unabhängig davon besteht auch die Möglichkeit, sich an externe Datenschutzberater oder Rechtsanwälte zu wenden.

Wichtiger als solche Überlegungen nach einem entsprechenden Vorfall sind vorbeugende Maßnahmen. Das Gesetz sieht nämlich vor, dass die betroffenen Personen dann nicht benachrichtigt werden müssen, wenn geeignete technische und organisatorische Sicherheitsvorkehrungen getroffen wurden (siehe Art. 34 Abs. 2 Satz 1 Buchstabe a DS-GVO). Anders ausgedrückt: Geeignete vorbeugende Maßnahmen führen dazu, dass im Ernstfall die betroffenen Personen nicht benachrichtigt werden müssen.

Wichtigste derartige Maßnahme ist eine ausreichende Verschlüsselung aller personenbezogenen Daten. Ziel einer Verschlüsselung ist es, die Kenntnisnahme der Daten durch Unbefugte zu verhindern.

BEISPIEL

Ein Mitarbeiter lässt sein dienstliches Tablet versehentlich in der U-Bahn liegen. Es enthält zahlreiche Kundendaten, zum Teil auch Daten sensibler Art (z. B. Gesundheitsdaten). Dies ist dann kein gewichtiges Datenschutzproblem, wenn der Zugriff zum Gerät nur möglich ist, wenn man das Display-Passwort kennt und die Daten auf der Festplatte verschlüsselt sind. Damit ist der Zugriff auf die Daten für Außenstehende gewissermaßen blockiert.

Zum Thema Verschlüsselung sollten zumindest folgende Faustregeln bekannt sein:

- Mobile Geräte
  - Bei jedem mobilen Gerät (Smartphone, Tablet, Notebook) sollte ein Display-Kennwort benutzt werden. Es sorgt dafür, dass ein Zugriff nur für den möglich ist, der über das Kennwort verfügt. Dies funktioniert selbstverständlich nur, wenn das Kennwort nicht leicht zu erraten ist. Ein Kennwort wie „1234" ist also keine gute Idee.
  - Alle Speicherbereiche (Smartphone selbst, Speicherkarte, SIM-Karte) sind zu verschlüsseln.
  - Programme bzw. Dienste, die das können, sind entweder meist bereits in den „Bordmitteln" des Smartphones enthalten oder in den App-Stores in ausreichender Zahl und Qualität kostenlos verfügbar.
- Standortfeste Geräte, etwa PC
  - Im Vordergrund muss die Verschlüsselung der Festplatten stehen, die im Gerät installiert sind.
  - Sprechen Sie gleich beim Kauf eines Geräts mit dem Lieferanten auch über das Thema Verschlüsselung. Meist enthalten die Geräte schon entsprechende Funktionen, die lediglich genutzt bzw. aktiviert werden müssen.
  - Eine erhebliche Schwachstelle können externe Datenträger darstellen (USB-Sticks, externe Festplatten), die an das Gerät angeschlossen werden. Wenn möglich, sollten die entsprechenden Schnittstellen deaktiviert (abgeschal-

tet) werden. Ist dies nicht umsetzbar, ist eine eigenständige Verschlüsselung für die externen Datenträger zwingend vorzusehen.

- Verschlüsselung der Kommunikation (besonders bei E-Mail)
  - Voraussetzung für eine Verschlüsselung der Kommunikation: Beide Kommunikationspartner müssen ein Verschlüsselungsprogramm benutzen. Es muss sich dabei nicht unbedingt um dasselbe Programm handeln.
  - Die am meisten verbreiteten Verschlüsselungsmethoden sind PGP (kommerzielles Angebot) und GPG (Open Source-Software, daher kostenlos nutzbar) bzw. S/MIME. In vielen Mailprogrammen ist S/MIME vorinstalliert. Dessen Nutzung setzt ein Zertifikat voraus, das man von verschiedenen Anbietern erhalten kann.

HINWEIS: Eine sehr gut verständliche Anleitung für Bürger zum Thema „Verschlüsselung" bietet das Bundesamt für Sicherheit in der Informationstechnik (BSI). Dazu bitte auf der Seite des BSI in der Rubrik „BSI für Bürger" das Stichwort „Verschlüsselung" (siehe Linkliste am Ende der Broschüre) suchen.

5. Einzelheiten zur Benachrichtigung betroffener Personen

Sofern eine Benachrichtigung erfolgen muss, ist zunächst festzustellen, welche Personen im Einzelnen betroffen sind. Ein wichtiges Hilfsmittel hierfür ist das Verzeichnis der Verarbeitungstätigkeiten (siehe 3. Kapitel). Aus diesem sollte sich jedenfalls eine abstrakte Beschreibung des Personenkreises, um den es geht (Beispiel: „Daten von Kunden") ergeben. Um Personen konkret benachrichtigen zu können, ist jedoch im Allgemeinen deren Name und Anschrift erforderlich. Ersatzweise genügen Angaben zu sonstigen Kommunikationswegen (etwa Mailadressen).

Die Information muss „in klarer und einfacher Sprache die Art der Verletzung des Schutzes personenbezogener Daten" beschreiben (siehe Art. 34 Abs. 2 DS-GVO).

BEISPIEL

„Daten über Ihre Bestellungen bei uns, mitsamt Ihrer Kontonummer, werden auf dem Laptop Ihres persönlichen Kundenbetreuers gespeichert. Ihr Kundenbetreuer hat seinen Laptop bei einer Bahnreise im Zug liegen lassen. Bisher haben wir diesen Laptop nicht wieder zurückbekommen."

Ferner muss die Information folgende Angaben enthalten (siehe Art. 34 Abs. 2 DS-GVO in Verbindung mit Art. 33 Abs. 3 Buchstaben b, c und d DS-GVO):

- Namen und Kontaktdaten des Datenschutzbeauftragten oder einer sonstigen Anlaufstelle für weitere Informationen
- eine Beschreibung der wahrscheinlichen Folgen der Verletzung des Schutzes personenbezogener Daten
- eine Beschreibung der vom Verantwortlichen ergriffenen oder von ihm vorgeschlagenen Maßnahmen zur Behebung der Verletzung des Schutzes/ggf. Maßnahmen zur Abmilderung der möglichen nachteiligen Auswirkungen der Verletzung des Schutzes

Schwierig kann es sein, die wahrscheinlichen Folgen der Verletzung des Schutzes zu beschreiben.

BEISPIEL (ANKNÜPFEND AN DAS BEISPIEL DES IM ZUG VERGESSENEN LAPTOPS)

„Unbefugte Personen können die Bestellscheine und die Rechnungen zu Ihren Bestellungen lesen. Sie können die Daten, u. a. Kontonummern, entnehmen, die darin enthalten sind."

Unangenehm kann es sein, etwas zu vorbeugenden Schutzmaßnahmen sagen zu müssen, die man den betroffenen Personen empfiehlt.

BEISPIEL (ANKNÜPFEND AN DAS BEISPIEL DES IM ZUG VERGESSENEN LAPTOPS)

„Soweit Bestellscheine und Rechnungen Angaben zu Ihrer Kontoverbindung enthalten, sollten Sie in nächster Zeit regelmäßig überprüfen, ob es zu verdächtigen Transaktionen auf ihrem Konto kommt."

Eine Benachrichtigung betroffener Personen kann dazu führen, dass die betroffenen Personen Haftungsansprüche geltend machen. Aus diesem Grund ist es zu empfehlen, sich vor einer solchen Benachrichtigung kompetent rechtlich beraten zu lassen.

10. Kapitel. Sanktionen und Haftung

1. Überblick

Verstöße gegen den Datenschutz können ernsthafte rechtliche Folgen nach sich ziehen. Die DS-GVO hat die bisher geltenden Regelungen deutlich verschärft. Dies gilt sowohl im Hinblick auf denkbare Geldbußen als auch im Hinblick auf Schadensersatz einschließlich Schmerzensgeld.

Die DS-GVO enthält Bestimmungen für Geldbußen (Art. 83 DS-GVO) und Bestimmungen für das Recht auf Schadensersatz (Art. 82 DS-GVO). Sie werden ergänzt durch Regelungen des BDSG-neu (siehe dazu § 42 BDSG-neu/Strafvorschriften und § 43 BDSG-neu/Bußgeldvorschriften).

2. Geldbußen nach der Grundverordnung

Für bestimmte Rechtsverstöße droht die DS-GVO im Extremfall Geldbußen von bis zu 40 Mio. EUR an (siehe Art. 83 Abs. 6 DS-GVO). Damit stellt sie klar, dass auch große Unternehmen mit Geldbußen rechnen müssen, die wirklich schmerzen. Gegenüber kleinen Unternehmen oder kleinen Vereinen kommen Geldbußen dieser Größenordnung selbstverständlich nicht in Betracht. Doch auch sie müssen bei ernsthaften Verstößen mit Geldbußen in vier- oder fünfstelliger Höhe rechnen. Denn Geldbußen müssen „in jedem Einzelfall wirksam, verhältnismäßig und abschreckend“ sein (so Art. 83 Abs. 1 DS-GVO).

Die Tätigkeitsberichte der Aufsichtsbehörden bieten Anschauungsmaterial dafür, welche Verstöße in der Praxis gerade auch bei kleinen Unternehmen und bei Vereinen besonders häufig sind. Typische Beispiele:

- Versendung von E-Mails mit offenem Verteiler, sodass jeder Empfänger auch alle anderen Empfänger sehen kann, ohne dass dafür ein Grund besteht
- Aushang von Krankheitslisten von Mitarbeitern am „Schwarzen Brett“
- wiederholte Faxsendungen mit medizinischen Daten an falsche Empfänger

Die Aufsichtsbehörden machen in ihren Tätigkeitsberichten üblicherweise keine Angaben dazu, wie hoch die Bußgelder jeweils waren. Begründung: Dies ist vom Einzelfall abhängig, sodass derartige Angaben eher in die Irre führen als nützlich sind. Es gibt also keine „Bußgeldtabellen“ wie bei Verkehrsverstößen.

Erkennbar ist aber aus mehreren Verlautbarungen der Aufsichtsbehörden, dass sie die Sanktionspraxis ändern werden. Selbst wenn nicht alle erkannten Datenschutzverstöße auch zu einem Bußgeld führen werden, wird die Zahl der sanktionierten Verstöße sicherlich steigen.

3. Schadensersatz und Haftung

Jede Person, der wegen eines Verstoßes gegen die DS-GVO ein materieller oder immaterieller Schaden entstanden ist, hat Anspruch auf Schadensersatz. So regelt es Art. 82 Abs. 1 DS-GVO.

„Materiell“ ist ein Schaden dann, wenn er in Geld zu messen ist. Das ist bei Verstößen gegen den Datenschutz eher selten der Fall.

„Immateriell“ sind Schäden wie etwa Rufverletzungen, die sich nicht direkt in Geld messen lassen. Hier kommt dann ein Schmerzensgeld in Betracht. Dabei kann es rasch um mehrere tausend Euro gehen.

11. Kapitel. Anforderungen an eigene Unternehmensstruktur

Vielfach wird behauptet, dass ein Verantwortlicher ohne ein Datenschutzmanagementsystem die Anforderungen der DS-GVO nicht erfüllen könnte. Dies trifft für große Unternehmen sicherlich zu, ist für kleine Unternehmen und Vereine aber nicht zwingend. Für alle Verantwortlichen ist es jedoch erforderlich, sich bewusst zu machen, welche Anforderungen das neue Recht für ihr Unternehmen oder ihren Verein mit sich bringt.

1. Umsetzung der Rechenschaftspflicht

Die DS-GVO verpflichtet die Verantwortlichen, Rechenschaft über ihren Umgang mit personenbezogenen Daten ablegen zu können (siehe Seite 23). Wie sie das machen, steht nicht in der Verordnung. Eine Einheitslösung gibt es nicht. Wichtig ist aber, dass die Anforderungen umgesetzt werden, d.h. dass für die Pflichten, die sich daraus ergeben, jemand im Unternehmen oder Verein bestimmt ist, der den „Kopf dafür hinhalten" muss.

2. Anforderungen

Insbesondere für folgende Anforderungen muss die Unternehmensleitung oder der Vorstand festgelegt haben, wer die sich daraus ergebenden Pflichten erfüllt:

- Datenschutzgrundsätze
- Rechte der Betroffenen
- datenschutzkonforme Verarbeitung
- datenschutzkonforme Technik
- datenschutzkonforme Auftragsverarbeitung
- Verzeichnis von Verarbeitungstätigkeiten
- Meldung von Datenschutzverletzungen
- Datenschutzbeauftragter
- internationaler Datenverkehr

3. Verantwortlichkeit für Datenschutzfragen

Für die Aufsichtsbehörde ist bei Fragen der Zulässigkeit des Umgangs mit personenbezogenen Daten in Unternehmen oder Vereinen grundsätzlich immer die Unternehmensleitung oder der Vereinsvorstand Ansprechpartner. Datenschutz ist damit Chefsache. Dies bedeutet nicht, dass jeder Chef sich persönlich um die Einhaltung der Datenschutzvorschriften kümmern muss. Er muss aber, so wie dies auch für Angelegenheiten der Steuer, der Sozialabgaben oder die Einhaltung von Arbeitsschutzvorschriften der Fall ist, im Zweifel jemand bestimmen und beauftragen, der dafür verantwortlich ist.

Vielfach heißt es dann, wir haben einen Datenschutzbeauftragten, der macht das schon. Diese Auffassung verkennt die Verantwortlichkeiten.

Ein Datenschutzbeauftragter hat, wie oben ausgeführt, „nur" zu kontrollieren, zu beraten und darauf hinzuwirken, dass der Chef bzw. der Verein oder das Unternehmen den Datenschutz beachtet. Für die Umsetzung ist der Datenschutzbeauftragte nicht verantwortlich. Dies muss der Chef selbst oder die von ihm beauftragte Person erledigen.

Dazu gehört dann auch sicherzustellen, dass ein Verzeichnis der Verarbeitungstätigkeiten erstellt wird, die Mitarbeiter in Datenschutzfragen geschult werden, das Unternehmen oder der Verein auf Anfragen von betroffenen Personen zeitnah reagieren kann und dass Datenschutzverletzungen erkannt und ggf. gemeldet werden.

4. Überprüfungszyklus für Datenschutzfragen festlegen

Die Anforderungen der DS-GVO lassen sich nicht mit einer Aktion für immer erfüllen. Es ist deshalb erforderlich, einen Zyklus festzulegen, innerhalb dessen das Verzeichnis der Verarbeitungstätigkeiten überprüft wird, eine Schulung der Mitarbeiter wiederholt oder „Feuerwehrübungen" für die Erfüllung von Betroffenenrechten oder die Meldung von Datenschutzverletzungen durchgeführt werden. Ein auch nur einseitiges Dokument, in dem enthalten ist, wer, was, wann immer wieder durchzuführen hat, schafft Klarheit. Die Einhaltung dieser Vorgaben würde auch sicherstellen, dass Änderungen der Arbeitsabläufe, die es immer wieder gibt, regelmäßig angeschaut und daraufhin überprüft werden, ob sich datenschutzrechtliche Konsequenzen daraus ergeben.

12. Kapitel. Umgang mit der Aufsichtsbehörde

Die DS-GVO hat die Datenschutzaufsichtsbehörden mit vielen neuen Aufgaben betraut und ihnen insbesondere für den Fall, dass sie Datenschutzverstöße feststellen, die Befugnis übertragen, Geldbußen bis zu einer Höhe von 20.000.000 EUR festzusetzen. Die Aufsichtsbehörden haben aber nicht nur die Aufgabe, zu sanktionieren, sondern in ganz erheblichem Umfang auch zu beraten und Hilfestellung zu leisten.

1. Ansprüche an die Aufsichtsbehörde

Betroffene Personen, aber auch Verantwortliche haben das Recht, sich an die Aufsichtsbehörden zu wenden und beraten zu lassen, wie sie die Anforderungen der DS-GVO erfüllen können. Viele Verantwortliche trauen sich nicht, die Aufsichtsbehörde zu fragen, weil sie glauben, dass die Aufsichtsbehörde dann, wenn aus einer Frage erkennbar ist, dass die Daten nicht ordnungsgemäß verarbeitet werden, sofort mit Sanktionen oder Anordnungen zuschlagen. Selbst wenn darüber jede Aufsichtsbehörde in ihrer völligen Unabhängigkeit selbst entscheiden kann, entspricht dies absolut nicht den Gepflogenheiten. In aller Regel sehen die Aufsichtsbehörden ihre Hauptaufgabe darin zu beraten und mitzuwirken, dass Datenschutzverstöße erst gar nicht entstehen.

TIPP

Wenn die Aufsichtsbehörde von Ihnen etwas verlangt, was Sie nicht verstehen oder nachvollziehen können, dann ist es völlig normal, wenn Sie darauf bestehen, dass Ihnen die Aufsichtsbehörde konkret darlegt, auf welcher Rechtsgrundlage sie von Ihnen ein bestimmtes Tun oder Unterlassen verlangt. Dies hilft nicht nur Ihnen, die Handlungsweise Ihrer Aufsichtsbehörde besser zu verstehen, sondern vielleicht auch der Aufsichtsbehörde selbst. Sie kann dann intern prüfen, ob sie das, was sie verlangt, tatsächlich begründen und im Zweifel auch durchsetzen kann.

2. Aufgaben und Befugnisse der Aufsichtsbehörden

Aufsichtsbehörden sind entsprechend den europarechtlichen Vorgaben völlig unabhängig. Dies bedeutet, dass sie selbst entscheiden, mit welcher Priorität sie ihre gesetzlichen Aufgaben erfüllen. Aufsichtsbehörden haben die Aufgabe, die Anwendung der DS-GVO zu überwachen und durchzusetzen, Beratungsanfragen zu beantworten, sich mit Beschwerden von betroffenen Personen zu befassen und Kontrollen über die Anwendung der Verordnung durchzuführen.

Zur Erfüllung dieser Aufgaben haben die Aufsichtsbehörden starke Befugnisse. Sie können die Verantwortlichen anweisen, alle Informationen bereitzustellen, die erforderlich sind, um die Einhaltung der Datenschutzvorschriften überprüfen zu können. Sie können auch unangekündigte Datenschutzprüfungen vor Ort durchführen und „in die Computer hineinschauen". Wenn sie Verstöße feststellen, können sie einerseits anordnen, dass die Verstöße abgestellt werden und die Verarbeitung nur noch gesetzeskonform erfolgt. Andererseits können sie auch Geldbußen bis zu der oben genannten Höhe erlassen.

Selbst wenn die Zahl der Beschäftigten in den Aufsichtsbehörden im Verhältnis zu der enorm hohen Zahl von Verantwortlichen gering erscheinen mag, kann man nur davor warnen, auf die Einhaltung der datenschutzrechtlichen Vorschriften zu verzichten. Eine Beschwerde eines unzufriedenen Beschäftigten, Kunden oder Vereinsmitglieds kann sehr schnell dazu führen, dass die Aufsichtsbehörde vor der Tür steht und bei festgestellten Verstößen handelt bzw. handeln muss.

Jeder Mitwirkende im Unternehmen oder Verein sollte sich auch bewusst machen, dass er häufig auf der Seite eines Verantwortlichen agiert, aber auf der anderen Seite immer auch eine betroffene Person ist, die sich wünscht, dass die anderen mit ihren Daten ordnungsgemäß umgehen.

13. Kapitel. Umgang mit Fotos im Internet

1. Einige technische Hintergründe

Fotos entstehen im Alltag inzwischen ausschließlich mithilfe von Digitalkameras. Ältere Fotos aus der „vordigitalen Zeit" lassen sich in wenigen Sekunden einscannen. Das Ergebnis ist bei beiden Varianten:

- Die Fotos lassen sich ohne Qualitätsverlust beliebig oft kopieren.
- Die Fotos lassen sich mühelos im Internet hochladen.
- Sind die Fotos erst einmal im Internet in Umlauf, lassen sie sich nicht mehr „einfangen": Ein Internetnutzer, der sie heruntergeladen hat, kann sie problemlos wieder hochladen. Andere Internetnutzer können sie dann ebenfalls herunterladen und wieder hochladen. Dieses „Spiel" lässt sich endlos fortführen.

Effektive technische Schutzmaßnahmen, die Verletzungen des Persönlichkeitsrechts bei Fotos sicher verhindern, gibt es nicht. Das Gegenteil wird immer wieder behauptet. Alle Maßnahmen, die hierfür vorgeschlagen werden, sind jedoch bis jetzt im Ergebnis unzureichend. Beispiele:

- Reduzierung der Bildqualität

Vorgehensweise: Bevor ein Foto im Internet hochgeladen wird, wird die Bildauflösung bewusst verringert, unter Umständen um bis zu 50 %. Die meisten Grafik- und Bildbearbeitungsprogramme machen dies „auf Knopfdruck" möglich.

Schutzwirkung für das Persönlichkeitsrecht: gleich null! Der durchschnittliche Betrachter des Bildes bemerkt keinerlei Unterschied zur originalen Bildqualität. Die weitere Verbreitung des Bildes wird in keiner Weise verhindert.

- Anbringen eines Logos/Wasserzeichens auf dem Foto

Vorgehensweise: Auf dem Bild wird ein Logo (beispielsweise das Logo des Unternehmens oder Vereins) angebracht. Alternativ lässt sich ein sog. Wasserzeichen verwenden, ähnlich den früher häufigen Wasserzeichen bei Papier. Es kann sichtbar oder auch unsichtbar angebracht werden.

Schutzwirkung für das Persönlichkeitsrecht: gleich null! Die Kopiermöglichkeit bleibt in vollem Umfang erhalten. Logo/Wasserzeichen haben auch keine ernsthafte Abschreckungswirkung. Die Hoffnung, Täter würden sich aus Angst vor rechtlichen Konsequenzen vom Kopieren abhalten lassen, ist naiv.

- Sperren der Kopierfunktion

Vorgehensweise: Die Art, wie das Bild auf der eigenen Internetseite gespeichert ist, wird technisch verändert. Folge: Die Funktion „speichern unter" erscheint nicht mehr als Option, wenn ein Nutzer auf das Bild klickt. Jeder halbwegs geübte Webmaster kann dies durch eine sog. „Skriptänderung" bewirken.

Schutzwirkung für das Persönlichkeitsrecht: fast gleich null! Zwar werden technische Laien bei dem Versuch scheitern, das Bild unmittelbar zu speichern. Das Internet bietet aber genügend Anleitungen dazu, wie dies mit relativ geringem Aufwand trotzdem gelingt. Fachleute wissen ohnehin, wie sie diese kleine Barriere überwinden können. Auch ein einfacher Screenshot oder das Abfotografieren vom Bildschirm mit einem anderen Gerät sind kein Hexenwerk.

Im Ergebnis bleibt festzuhalten: Technische Schutzmaßnahmen reichen in keinem Fall aus, um das Persönlichkeitsrecht bei Bildern auch nur halbwegs sicher zu schützen. Anderslautende Behauptungen sind falsch. Dies gilt auch, wenn Methoden zum Einsatz kommen, die hier nicht genannt worden sind.

2. Einige rechtliche Hintergründe

Personenbezug bei Fotos und Filmen

Fotos, die Personen abbilden, enthalten personenbezogene Daten. Das gilt auch dann, wenn das Foto ohne den Namen der abgebildeten Person veröffentlicht wird. Denn auch in diesem Fall ist die Person identifizierbar, indem das Foto einem Namen zugeordnet wird. Siehe dazu die Definition des Begriffs „personenbezogene Daten" (Seite 9). Es genügt, dass einzelne Betrachter (Bekannte, Nachbarn, Kollegen) den Namen zuordnen können, wenn sie das Bild sehen.

Eine Verpixelung des Gesichts beseitigt den Personenbezug häufig nicht! Meist ist der Betroffene zumindest für seine Familie und seine Bekannten trotzdem noch erkennbar. Dies genügt, um den Personenbezug zu bejahen. Solche Fälle sind immer wieder Gegenstand von Gerichtsentscheidungen. So hielt es das Landgericht Hamburg für ausreichend, dass die abgebildete Person an „Kopfform, Ohren, Frisur, Kleidung, Körperhaltung“ erkennbar ist (Entscheidung vom 20.10.2006 – 324 O 922/05). Und das Amtsgericht München ist in einem Fall davon ausgegangen, dass die abgebildete Person an ihren Schuhen erkennbar war (Entscheidung vom 15.6.2012 – 158 C 28716/11).

Bei Filmen kommt es nicht darauf an, wie lange der Betroffene zu sehen ist. Das Bundesarbeitsgericht hat in einer Entscheidung darauf hingewiesen, dass jede „individuelle Bilddarstellung“ personenbezogen ist, „mag sie auch noch so kurz und unbedeutend sein.“ (Entscheidung vom 11.12.2014 – 8 AZR 1010/13, Rn. 18). Für den Personenbezug genügt es also, wenn jemand beispielsweise im Werbefilm eines Unternehmens wenige Sekunden als Randfigur auftritt oder bei einem internen Vereinsfest die Mitglieder gefilmt werden.

Die besondere Rolle des KUG

Die DS-GVO selbst enthält keine ausdrücklichen Regelungen für den Umgang mit Fotos von Personen. Sie geht also davon aus, dass ihre allgemeinen Regelungen für personenbezogene Daten ausreichen, um solche Fälle zu lösen. Ob das wirklich funktionieren kann, wird im Augenblick unter Fachleuten noch diskutiert. Darum muss sich der Praktiker in einem Unternehmen oder einem Verein jedoch zunächst einmal nicht kümmern. Er kann auch künftig von der umfangreichen Rechtsprechung ausgehen, die es schon gibt.

Dies hat folgenden Hintergrund: Im deutschen Recht gibt es bereits seit über 100 Jahren gesetzliche Regelungen zum Recht am eigenen Bild. Sie sind in einem Gesetz enthalten, das üblicherweise als „KUG“ abgekürzt wird. Der volle Name dieses Gesetzes führt in die Irre. Er lautet „Kunsturhebergesetz“. Die Bestimmungen in diesem Gesetz, die sich mit den Rechten von Kunsturhebern befasst haben, sind jedoch seit Jahrzehnten nicht mehr in Kraft. Übrig geblieben sind in dem Gesetz jedoch noch die Regelungen, die das Recht am eigenen Bild betreffen. Aus diesem Grund empfiehlt es sich, einfach nur die Abkürzung „KUG“ zu verwenden.

Nach § 22 KUG dürfen Bildnisse nur mit Einwilligung des Abgebildeten verbreitet oder öffentlich zur Schau gestellt werden. Die Einwilligung gilt im Zweifel als erteilt, wenn der Abgebildete dafür, dass er sich abbilden ließ, eine Entlohnung erhielt. Nach dem Tode des Abgebildeten bedarf es bis zum Ablauf von 10 Jahren der Einwilligung der Angehörigen des Abgebildeten. Angehörige im Sinne dieses Gesetzes sind der überlebende Ehegatte oder Lebenspartner und die Kinder des Abgebildeten und, wenn weder ein Ehegatte oder Lebenspartner noch Kinder vorhanden sind, die Eltern des Abgebildeten.

§ 23 KUG regelt ergänzend, dass

1. Bildnisse aus dem Bereiche der Zeitgeschichte,
2. Bilder, auf denen die Personen nur als Beiwerk neben einer Landschaft oder sonstigen Örtlichkeit erscheinen,
3. Bilder von Versammlungen, Aufzügen und ähnlichen Vorgängen, an denen die dargestellten Personen teilgenommen haben,
4. Bildnisse, die nicht auf Bestellung angefertigt sind, sofern die Verbreitung oder Schaustellung einem höheren Interesse der Kunst dient,

ohne die nach § 22 KUG erforderliche Einwilligung verbreitet und zur Schau gestellt werden dürfen.

Die Grundstruktur dieser Regelungen ist also sehr klar:

- Als Grundregel gilt: Es ist eine Einwilligung der abgebildeten Person erforderlich (so § 22 KUG).
- Von dieser Grundregel gibt es einige Ausnahmen. Sie sind in § 23 KUG enthalten.

„Einwilligung“ heißt dabei: Die Zustimmung muss vorher eingeholt werden. So definiert § 183 Satz 1 BGB diesen Begriff. Wenn eine Einwilligung nötig ist, gilt also: Erst fragen, dann veröffentlichen! Sollte das versäumt worden sein, kann man den Betroffenen natürlich auch noch nachträglich fragen und er kann auch noch nachträglich zustimmen. Das ändert aber nichts daran, dass zunächst einmal eine Rechtsverletzung erfolgt ist.

Diese Maßstäbe sind streng. Wer sie beachtet, kann deshalb davon ausgehen, dass er damit auch die Vorgaben der DS-GVO erfüllt. Ob die DS-GVO die bisherigen Regelungen des KUG ablöst oder nicht, bleibt dann im praktischen Ergebnis ohne Bedeutung. Die Diskussion über diese rechtliche Frage ist noch nicht abgeschlossen.

Bildwerke im Bereich von Beschäftigungsverhältnissen (§ 26 BDSG-neu)

Für Unternehmen kann es notwendig sein, im Einzelfall auch noch einen Blick auf die Regelung über die „Datenverarbeitung für Zwecke des Beschäftigungsverhältnisses“ zu werfen. Sie ist in § 26 BDSG-neu enthalten. Im Normalfall führt sie zu keinem anderen Ergebnis als die Regelungen des KUG. Da § 26 BDSG-neu eine umfangreiche und komplizierte Regelung ist, sollte man für ihre Interpretation einen Fachmann zuziehen.

„Sieben Personen“ – ein rechtliches Gerücht

Oft kann man lesen, Fotos mit mindestens sieben Personen könne man frei verwenden. Das ist ein bloßes Gerücht ohne rechtlichen Wert. Eine solche Regelung gibt es nicht. Allein aus der Zahl der Personen auf einem Foto lässt sich rechtlich nichts ableiten.

3. Bilder auf Internetseiten von Unternehmen

a) Fokussierung auf Fotos von Mitarbeitern

Auf Internetseiten von Unternehmen finden sich sowohl Fotos von Mitarbeitern als auch Fotos von Besuchern und anderen externen Personen. In der Praxis konzentrieren sich die Fragestellungen auf die Fotos von Mitarbeitern. Nur diese Konstellation wird deshalb im Folgenden dargestellt. Dass man Fotos von Besuchern und sonstigen Externen nicht einfach veröffentlichen darf, ist ohnehin klar.

Manchmal gehört es ganz selbstverständlich zum Inhalt des Arbeitsverhältnisses, dass sich der Mitarbeiter abbilden lässt.

BEISPIELE

- Wer ausdrücklich als Fotomodel angestellt ist, muss es natürlich akzeptieren, dass die entsprechenden Fotos verbreitet werden. Denn genau dafür beschäftigt man Fotomodels.
- Die Mitarbeiterin einer Pressestelle muss es hinnehmen, dass sie fotografiert wird, wenn sie bei einem Pressetermin für das Unternehmen spricht. Denn sonst kann sie ihren Job nicht machen. Solche klaren Fälle sprechen wir im Folgenden nicht mehr gesondert an.

b) Kein Unterschied Internet/ Intranet

Es macht keinen Unterschied, ob Fotos im Internet oder in einem Intranet Verwendung finden. Die Vorschriften des KUG sind immer anwendbar, wenn Fotos „verbreitet“ werden. Dazu genügt es schon, wenn eine einzige andere Person die Fotos wahrnehmen kann. Abgesehen davon können auch in Intranets Hunderte bis Tausende Personen zugreifen.

c) Gründe für die Verwendung von Mitarbeiterfotos

Unternehmen verwenden aus ganz unterschiedlichen Gründen Fotos von Mitarbeitern auf einer Internetseite. Beispiele:

- Berichte über das Geschehen im Unternehmen sollen durch Fotos interessanter werden. In diese Kategorie gehören etwa Gruppenfotos von Arbeitsjubilaren, neu eingestellten Auszubildenden oder Auszubildenden, die ihre Ausbildung abgeschlossen haben.
- „Echte“ Mitarbeiter anstelle von Fotomodells sollen Werbeträger für das Unternehmen sein. Dazu gehört etwa das Bild eines Trupps von Monteuren, wenn das Leistungsspektrum des Unternehmens im Montagebereich dargestellt wird. Weiteres Beispiel: Es werden Arbeitsplätze gezeigt, an denen ein „echter Mitarbeiter“ sitzt.
- Manchmal kommen anstelle von Fotomodels „echte Mitarbeiter“ zum Einsatz, um Produkte zu präsentieren. Beispiel: Eine Mitarbeiterin trägt ein Kleid, das ihr Unternehmen herstellt oder verkauft.

d) Typische Streitanlässe

Zu Streitigkeiten mit Mitarbeitern kommt es in der Regel dann, wenn keine ausdrückliche Einwilligung vorliegt und der Mitarbeiter im Unfrieden aus dem Unternehmen ausscheidet. Vor allem bei Minderjährigen kann auch Streit darüber entstehen, ob eine vorhandene Einwilligung rechtlich wirksam ist.

e) Vorgaben für Einwilligungen

Im Arbeitsleben hilft eine Einwilligung von vornherein nur dann etwas, wenn sie schriftlich vorliegt. Hierzu hat das Bundesarbeitsgericht Folgendes festgehalten: „Die nach § 22 KUG für die Veröffentlichung von ihren Bildnissen erforderliche Einwilligung der Arbeitnehmer muss schriftlich erfolgen.“ (Entscheidung vom 11. Dezember 2014 – 8 AZR 1010/13 – amtlicher Leitsatz). Das Bundesarbeitsgericht hat dies wie folgt begründet: „Nur dadurch kann verdeutlicht werden, dass die Einwilligung der Arbeitnehmer zur Veröffentlichung ihrer Bildnisse unabhängig von den jeweiligen Verpflichtungen aus dem eingegangenen Arbeitsverhältnis erfolgt und dass die Erteilung oder Verweigerung der Einwilligung für das Arbeitsverhältnis keine Folgen haben dürfen.“ (Rn. 26 der Entscheidung). Wichtig: Außerhalb des Arbeitslebens können auch Einwilligungen wirksam sein, die nicht schriftlich vorliegen.

Abzuraten ist davon, solche Einwilligungsklauseln gleich in die Arbeitsverträge „einzubauen“. Solche Klauseln gelten als Allgemeine Geschäftsbedingungen. Weil bei Abschluss des Vertrages noch nicht absehbar ist, welche Fälle später auftreten werden, fallen sie meist zu allgemein aus. Das führt oft dazu, dass sie den Arbeitnehmer unangemessen benachteiligen und deshalb unwirksam sind. Die rechtliche Argumentation lautet dabei: Sie sind mit wesentlichen Grundgedanken der gesetzlichen Regelung (§22 KUG), von der abgewichen wird, nicht zu vereinbaren (§307 Abs. 2 Nr. 1 BGB).

Eine Einwilligung muss immer individuell erfolgen. Deshalb ist davor zu warnen, Einwilligungen in Form von Betriebsvereinbarungen zu schließen. Beim Recht am eigenen Bild handelt es sich um ein höchstpersönliches Recht. Deshalb kann nur der Mitarbeiter selbst darüber verfügen. Dies wird zwar von manchen Rechtsexperten bestritten. Wer sich hier auf eine Betriebsvereinbarung als Rechtsgrundlage stützen will, geht damit jedoch ein hohes Risiko ein.

Kein Problem stellt es nach Auffassung des Bundesarbeitsgerichts dar, wenn eine Art „Sammeleinwilligung" erfolgt. Im konkreten Fall hatten über 25 Arbeitnehmer auf einer Namensliste unterschrieben. Durch ihre Unterschrift bestätigten sie, dass Filmaufnahmen ihrer Person zur freien Nutzung im Rahmen der Öffentlichkeitsarbeit der Beklagten verwendet und ausgestrahlt werden dürfen. Wesentlich war dabei, dass jeder einzelne Arbeitnehmer individuell unterschrieben hatte, mag dies auch auf einer Liste gewesen sein (Entscheidung vom 11. Dezember 2014 – 8 AZR 1010/13).

Um rechtliche Risiken auszuschließen, ist es zu empfehlen, den Verwendungszweck für Fotos sehr genau zu umschreiben. In dieser Hinsicht ist der eben angesprochene Fall des Bundesarbeitsgerichts durchaus problematisch, weil die Formulierung „Verwendung und Ausstrahlung zur freien Nutzung im Rahmen der Öffentlichkeitsarbeit des Unternehmens" sehr allgemein war. Man kann nicht davon ausgehen, dass die Gerichte dies in jedem Zusammenhang akzeptieren. Normalerweise sollte der Verwendungszweck genauer beschrieben werden.

f) Muster einer Einwilligungserklärung

Muster 5: Einwilligung mit genauer Beschreibung des Verwendungszwecks (Veröffentlichung von Fotos im Intranet/Internet)

Einwilligung zu Fotoaufnahmen

Das/der ....
(genaue Bezeichnung des Unternehmens)

beabsichtigt, im Rahmen von
....
(Benennung der Veranstaltung, z. B. „bei der Weihnachtsfeier/beim Tag der offenen Tür/beim Firmenjubiläum)

Fotos anfertigen zu lassen.
Diese Fotos sollen an folgender Stelle im Internet/Intranet veröffentlicht werden:

....
(Benennung der Adresse der Homepage, auf der die Veröffentlichung erfolgt)

Die Veröffentlichung soll auf unbestimmte Zeit erfolgen.
Es wird darauf hingewiesen, dass Fotos im Internet von beliebigen Personen abgerufen werden können. Es kann nicht ausgeschlossen werden, dass solche Personen die Fotos weiterverwenden oder an andere Personen weitergeben.
Diese Einwilligungserklärung gilt ab dem Datum der Unterschrift (Zutreffendes bitte ankreuzen)

☐ bis zu dem Zeitpunkt, zu dem das Arbeitsverhältnis endet. Nach Beendigung des Arbeitsverhältnisses werden die Fotos, auf denen der Arbeitnehmer zu erkennen ist, gelöscht.

☐ und auch über die Beendigung des Arbeitsverhältnisses hinaus. Der Arbeitnehmer kann die Einwilligung nach Beendigung des Arbeitsverhältnisses nur dann widerrufen, wenn er nachweist, dass dies erforderlich ist, um seine berechtigten Interessen zu schützen.

....
Datum, Ort und Unterschrift des Arbeitnehmers

(Eine Unterschrift seitens des Arbeitgebers ist nicht erforderlich. Es handelt sich nicht um einen Vertrag, sondern um eine einseitige Einwilligungserklärung des Arbeitnehmers)

g) Widerruf einer früher erteilten Einwilligung

In Streitfällen ist immer damit zu rechnen, dass die Arbeitsgerichte den Widerruf einer früher erteilten Einwilligung zulassen. Dies ist dann der Fall, wenn der betroffene Arbeitnehmer für einen solchen Widerruf einen wichtigen Grund anführen kann.

BEISPIEL

Ein wichtiger Grund für einen Widerruf ist zu bejahen, wenn auf einem Foto ein Leistungsträger des Unternehmens abgebildet ist, der das Unternehmen verlassen hat und jetzt bei einem anderen Unternehmen auch wieder eine hervorgehobene Funktion innehat. Wesentlicher Gedanke dabei: Das Foto dient auch dazu, mit der Fachkompetenz der konkreten Person zu werben.

GEGENBEISPIEL

Verneint wurde ein wichtiger Grund für einen Widerruf bei einer kaufmännischen Angestellten, die an ihrem Arbeitsplatz fotografiert worden war. Sie wusste dabei, dass dieses Foto für die Homepage des Unternehmens verwendet werden sollte. Die Frau war in keiner Weise hervorgehoben tätig. Wesentliche Überlegung dabei: An dem Arbeitsplatz hätte für die Zwecke des Fotos auch jede beliebige andere Person sitzen können. Die Frau war also gewissermaßen austauschbar (Landesarbeitsgericht Köln, Entscheidung vom 10. Juli 2009 – 7 Ta BV 126/09).

Bei Minderjährigen ist damit zu rechnen, dass ein wichtiger Grund für einen Widerruf relativ schnell gegeben ist. Der Grund: besonderer Schutz des Minderjährigen. Dieser Rechtsgedanke ist beispielsweise verankert in Art. 8 DS-GVO („Bedingungen für die Einwilligung eines Kindes in Bezug auf Dienste der Informationsgesellschaft"), mag diese Regelung für Fälle der vorliegenden Art auch nicht direkt anwendbar sein.

Auch ein rechtlich zulässiger Widerruf wirkt immer nur für die Zukunft. Er führt also nicht dazu, dass die Veröffentlichung eines Fotos rückwirkend als unzulässig anzusehen wäre.

h) Einwilligungen, die Minderjährige betreffen

Besondere Sorgfalt erfordern Einwilligungserklärungen, die sich auf Minderjährige beziehen. Als Minderjährige gelten dabei alle Personen bis zum vollendeten 18. Lebensjahr.

Fälle, die Minderjährige betreffen, sind in der Praxis von Unternehmen relativ häufig.

BEISPIELE

- Es wird ein Gruppenfoto des neuen „Azubi-Jahrgangs" angefertigt und ins Internet gestellt. Damit will das Unternehmen dokumentieren, dass Ausbildung bei ihm einen hohen Stellenwert hat. Bereits nach wenigen Wochen brechen zwei der Azubis ihre Ausbildung ab. Sie scheiden im Unfrieden aus dem Unternehmen aus. Sie fordern, dass die Bilder, auf denen sie zu sehen sind, gelöscht werden.
- Als vor drei Jahren der neue „Azubi-Jahrgang" seine Ausbildung begann, ließ das Unternehmen ein Gruppenfoto anfertigen und ins Internet stellen. Bei der Abschlussprüfung fällt einer der Azubis durch. Er scheidet im Unfrieden aus dem Unternehmen aus. Nun verlangt er, dass das damals eingestellte Foto gelöscht wird.

Wie solche „Azubi-Fälle" zu behandeln sind, ist rechtlich umstritten. Das Arbeitsgericht Frankfurt/Main hatte einen Fall zu entscheiden, bei dem eine Frau nach erfolgreichem Abschluss ihrer Ausbildung aus dem Unternehmen ausgeschieden war. Das geschah wohl im Unfrieden. Sie konnte zwar nicht erreichen, dass „Azubi-Fotos", auf denen sie zu sehen war, aus dem Internet entfernt werden mussten. Das Gericht verpflichtete das Unternehmen jedoch dazu, ihr Gesicht zu verpixeln (Entscheidung vom 20.6.2012 – 7 Ca 1649/12).

Wegen der rechtlichen Unsicherheit veröffentlichen manche Unternehmen keine „Azubi-Fotos" mehr im Internet.

Für Einwilligungen, die Minderjährige betreffen, gelten folgende Faustregeln:

- Nötig ist zum einen die schriftliche Einwilligung der Personensorgeberechtigten. Achtung: Sofern ein gemeinsames Sorgerecht von zwei Personen (etwa von Vater und Mutter) besteht, ist die Einwilligung beider Sorgeberechtigter erforderlich.
- Außerdem ist die Einwilligung des Minderjährigen selbst notwendig. Dies ergibt sich nicht unmittelbar aus dem Gesetz. Es wird damit begründet, dass es sich beim Recht am eigenen Bild um ein

höchstpersönliches Recht handelt. Deshalb soll auch auf die „natürliche Einsichtsfähigkeit" des Minderjährigen Rücksicht zu nehmen sein.

4. Bilder auf Internetseiten von Vereinen

a) Grundregeln für Bilder von Vereinsveranstaltungen

Besondere rechtliche Regeln zum Thema „Fotos im Internet" für Vereine gibt es nicht. Anwendbar sind die allgemeinen Regeln des KUG, die oben geschildert wurden. Sie sind auf die spezifischen Situationen, die sich bei Vereinen ergeben, sachgerecht anzuwenden. Weitaus häufiger als im Arbeitsleben kommen dabei die Ausnahmen gemäß §23 KUG ins Spiel. Eine Einwilligung ist dann nicht erforderlich. Dies betrifft oft Bilder von Vereinsveranstaltungen.

BEISPIEL „FASCHINGSUMZUG"

Ein Faschingsverein veranstaltet alljährlich zu Fasching einen Umzug durch die Stadt. Manche Teilnehmer sind dabei trotz Verkleidung noch zu identifizieren. Fotos dieses Umzugs dürfen ohne Einwilligung verbreitet werden und zwar auch im Internet (Fall des §23 Abs. 1 Nr. 3 KUG).

Das gilt auch dann, wenn einzelne Teilnehmer persönlich zu erkennen sind. Wesentlich ist jedoch, dass die dargestellten Personen gerade als Teilnehmer der betreffenden Veranstaltung abgebildet werden. Der Bezug zur Veranstaltung muss also klar zu erkennen sein.

Das ist nicht mehr der Fall, wenn gezielt nur ein einzelner Teilnehmer fotografiert worden ist. Dann ist seine Einwilligung nötig.

BEISPIEL „FUSSBALLSPIEL"

Ein Foto von einem Fußballspiel zeigt eine kämpferische Situation, bei der ein Spieler dem Gegner den Ball abnimmt. Das Foto darf ohne Einwilligung verbreitet werden. Dies lässt sich damit begründen, dass es sich um eine öffentliche Veranstaltung handelt, die sich bewusst an Zuschauer wendet (Fall des §23 Abs. 1 Nr. 3 KUG).

BEISPIEL „POLITIKERBESUCH"

Ein Sportverein erhält Besuch vom Staatssekretär, der für Sportfragen zuständig ist. Er führt Gespräche mit dem Vorstand und mit Mitgliedern, die von sich aus auf ihn zukommen. Dabei entstehen Fotos, die der Verein auf seiner Homepage veröffentlicht. Hierzu ist keine Einwilligung der abgebildeten Personen erforderlich. Der Staatssekretär ist eine Person der Zeitgeschichte und die sonstigen abgebildeten Personen sind neben ihm eine Art „Beiwerk" (Fall des §23 Abs. 1 Nr. 1 KUG).

BEISPIEL „ABBILDUNG VON ZUSCHAUERN"

Ein Sportverein will dokumentieren, wie gut die Spiele seiner Mannschaft besucht sind. Ein Vereinsmitglied fotografiert die nahezu vollbesetzte Zuschauertribüne. Auf diesem Foto sind die Gesichter einzelner Zuschauer zu erkennen. Die Veröffentlichung des Fotos ist ohne Einwilligung zulässig (Fall einer Versammlung gemäß §23 Abs. 1 Nr. 3 KUG; argumentieren lässt sich auch damit, dass es um das Foto einer Örtlichkeit geht, bei der die Personen nur als Beiwerk erscheinen – Fall des §23 Abs. 1 Nr. 2 KUG).

Unzulässig wäre dagegen das „Heranzoomen" einzelner Personen aus der Menge. Dazu wäre die Einwilligung der Person erforderlich. Von einer solchen Einwilligung kann keine Rede sein, wenn der Betroffene das „Heranzoomen" gar nicht bemerkt.

b) Ausnahmefälle bei Bildern von Vereinsveranstaltungen

Selbstverständlich gibt es auch bei Bildern von Veranstaltungen Grenzen. Sie sind dann erreicht, wenn ein berechtigtes Interesse der abgebildeten Person verletzt wird (§23 Abs. 2 KUG). Dies betrifft meist Fälle, in denen ein verständiger Vereinsvorstand ohnehin von sich aus von einer Veröffentlichung absehen würde.

BEISPIEL „FRAUENFUSSBALL"

Bei einer kämpferischen Szene zwischen zwei Spielerinnen zerreißt das Trikot einer Spielerin. Dabei ist ihre nackte Brust zu sehen. Der Vereinsfotograf hat diese Szene zufällig eingefangen. Es liegt auf der Hand, dass eine Veröffentlichung dieses Fotos im Internet ausgeschlossen ist.

GEGENBEISPIEL „POLITISCHES MANIFEST“

Zu Beginn eines Frauenfußballspiels entblößt eine Spielerin bewusst ihre Brust und ruft dabei lautstark Parolen gegen die Diskriminierung lesbischer Fußballspielerinnen. Dieses Foto darf veröffentlicht werden, wenn damit der Protest dokumentiert werden soll (Ereignis der Zeitgeschichte, Fall des § 23 Abs. 1 Nr. 1 KUG).

Es stimmt also nicht, dass Fotos öffentlicher Auftritte in beliebigem Zusammenhang verwendet werden dürfen.

Besonderheiten bei Minderjährigen

Besondere Vorsicht ist geboten, wenn Minderjährige (Personen bis 18 Jahren) im Mittelpunkt von Fotos stehen. Bei ihnen werden oft berechtigte Interessen vorliegen, die eine Veröffentlichung von Fotos ohne Einwilligung ausschließen (Fälle des § 23 Abs. 2 KUG). Konkret bedeutet dies:

- Spielszenen bei Mannschaftsspielen sollten in der Regel nicht ohne Einwilligung der Sorgeberechtigten im Internet veröffentlicht werden.
- Dasselbe gilt für Gruppenfotos aller Art vom Training.
- Kein Problem stellt es dagegen normalerweise dar, wenn Kinder beim Besuch einer Person der Zeitgeschichte mit abgebildet sind.

TIPP

Folgender Ratschlag völlig unjuristischer Art hat in der Praxis schon viel Ärger verhindert: Wenn Ihnen Ihr Bauchgefühl sagt, dass etwas nicht gut ist, ist es meistens auch nicht gut! Oder anders gesagt: Fragen Sie sich vor der Veröffentlichung des Fotos einer anderen Person, ob Sie es auch dann im Internet veröffentlichen würden, wenn Sie selbst auf dem Foto zu sehen wären.

Generelle Ratschläge für Einwilligungen

Soweit eine Einwilligung erforderlich ist, ist folgendes zu beachten:

- Eine „vorbeugende allgemeine Einwilligung“ macht keinen Sinn. Denkbar ist jedoch eine Regelung, die auf konkrete Situationen bezogen ist, in der Satzung oder der Beitrittserklärung zum Verein.
- Dringend zu raten ist deshalb, mit schriftlichen Einwilligungen zu arbeiten. Zwar sind konkludente Einwilligungen nicht generell ausgeschlossen. Ihr konkreter Inhalt ist aber im Ernstfall meist nur schwer nachweisbar. Dabei gilt: Wer sich auf eine Einwilligung beruft, muss diese Einwilligung nachweisen.
- Allgemeine Hinweise bei Veranstaltungen (etwa der internen Weihnachtsfeier), dass Fotos beabsichtigt sind und dass beabsichtigt ist, sie auf der Homepage zu veröffentlichen, ersetzen keine individuelle Einwilligung. Trotzdem haben sie sich in der Praxis bewährt. Sie reduzieren das Potenzial für Ärger und Beschwerden beträchtlich.
- Wenn es um Fotos von Minderjährigen geht, ist bei mehreren Sorgeberechtigten die Einwilligung aller Sorgeberechtigten erforderlich (siehe Muster 6). Vorsicht! Gerade im Zusammenhang mit „Rosenkriegen“ bei Trennungen kann der Verein sonst rasch in Konflikte hineingezogen werden, die ihn eigentlich gar nicht betreffen.

Sonderfrage „Mannschaftsfotos“

Bei Mannschaftsfotos von Erwachsenen kann man von einer stillschweigenden Einwilligung in das Foto an sich ausgehen, weil die einzelnen Personen bewusst daran mitwirken und sich auch bewusst entsprechend auf dem Foto positionieren lassen. Daraus lässt sich allerdings noch nicht ableiten, dass die Betroffenen mit einer Veröffentlichung des Fotos im Internet einverstanden sind. Dies hat eine andere Qualität als beispielsweise das Aufhängen des Mannschaftsfotos im Vereinsheim.

Deshalb ist zu empfehlen, in Form einer Unterschriftliste die Zustimmung zur Veröffentlichung im Internet einzuholen. Damit es beim Einholen der Unterschrift nicht zu unliebsamen Überraschungen kommt, sollte dieses Vorgehen schon vor Anfertigung des Mannschaftsfotos besprochen und angekündigt werden. Sollte die Mannschaft in einer Teambesprechung gemeinsam entscheiden, dass es ohne eine solche Unterschriftenliste geht, ist das in Ordnung. Dann haben alle Teammitglieder zugestimmt. Das Gesetz schreibt nicht vor, dass dies schriftlich geschehen muss. Doch Vorsicht: Wenn einzelne Teammitglieder einfach nichts sagen, liegt darin keine Zustimmung.

Bei Mannschaftsfotos von Kindern gilt der dringende Rat, eine schriftliche Einwilligung aller Sorgeberechtigten einzuholen, bevor das Foto im Internet veröffentlicht wird. Alles andere führt in der Praxis immer wieder zu ernsthaftem Ärger. Eine Einwilligung nur durch das Kind selbst ist ohne rechtlichen Wert und dass wirklich alle Sorgeberechtigten zugestimmt haben, ist bei mündlichen Einwilligungen im Nachhinein oft nicht zuverlässig zu beweisen.

Muster 6: Einwilligung für Bilder von Minderjährigen

Einwilligung zu Fotoaufnahmen von Kindern
Der .... (genaue Bezeichnung des Vereins) beabsichtigt, auf seiner Homepage sieben Bilder vom Training der D-Mannschaft zu veröffentlichen. Damit sollen neue Mitglieder angelockt werden. Die Bilder sollen ab dem (*Datum einsetzen*) bis zum (*Datum einsetzen*) öffentlich im Internet abzurufen sein. Wir machen darauf aufmerksam, dass die Bilder während dieser Zeit von beliebigen Personen betrachtet werden können. Wir können nicht ausschließen, dass die Bilder von beliebigen Personen aus dem Netz heruntergeladen werden. Mit Ihrer Unterschrift bestätigen Sie zugleich, dass Sie mit Ihren Kindern die Veröffentlichung der Bilder besprochen haben. Wir haben den Kindern bei Anfertigung der Bilder gesagt, dass sie im Internet veröffentlicht werden sollen *Datum, Ort* Name:....................Unterschrift:........................ Name:....................Unterschrift:........................ Name:....................Unterschrift:........................ Name:....................Unterschrift:........................ Name:....................Unterschrift:........................ Name:....................Unterschrift:........................ Name des Kindes und Unterschrift aller Sorgeberechtigter des jeweiligen Kindes

Sonderfrage „Vereinschronik“

Es macht einen Unterschied, ob Fotos aus der Geschichte des Vereins in einem gedruckten Werk veröffentlicht werden oder ob sie ins Internet gestellt werden. Ein gedrucktes Werk hat nur einen begrenzten Verbreitungsbereich. Im Internet sind Fotos dagegen weltweit abrufbar. Aus diesem Grund sollte vor Erstellung einer Chronik geklärt werden, in welcher Form die Veröffentlichung beabsichtigt ist. Es kommt durchaus vor, dass jemand Fotos für ein gedrucktes Werk zur Verfügung stellt, diese Fotos jedoch nicht im Internet sehen möchte.

Für Fotos in Vereinschroniken gelten dieselben Regeln, die oben allgemein für Fotos dargestellt wurden:

- Fotos von Veranstaltungen können häufig abgebildet werden, ohne dass eine Einwilligung der Personen erforderlich ist, die darauf zu sehen sind. Siehe dazu die oben dargestellten Beispiele.
- Fotos, auf denen Personen individuell abgebildet werden, dürfen nur mit Einwilligung dieser Personen veröffentlicht werden. Das gilt auch, wenn beispielsweise jemand früher jahrelang Vereinsvorsitzender war.

Bei historischen Fotos kommt es öfter vor, dass die Abgebildeten teilweise oder sogar bereits alle verstorben sind. Falls abgebildete Personen schon länger als zehn Jahre tot sind, dürfen die Fotos problemlos veröffentlicht werden. Eine Einwilligung von Angehörigen ist jedenfalls rein rechtlich gesehen nicht mehr erforderlich. Anders sieht es aus, falls der Tod noch weniger als zehn Jahre zurückliegt und nach dem, was oben geschildert wurde, eine Einwilligung erforderlich ist. Dann tritt an die Stelle der Einwilligung des Verstorbenen die Einwilligung der Angehörigen (siehe § 22 Sätze 3 und 4 KUG).

14. Kapitel. Fragebogen zur Umsetzung der DS-GVO für kleine Unternehmen und Vereine

Der folgende Fragebogen soll es Ihnen ermöglichen, abschließend selbst zu prüfen, wie weit Sie sich schon auf das neue Recht vorbereitet haben. So wie dieser Fragebogen aussieht, könnte ab Mai 2018 eine Aufsichtsbehörde bei Ihnen zur Prüfung aufschlagen. Wer alle Fragen gut beantworten kann, kann auch einer Prüfung durch die Aufsicht gelassen entgegensehen.

Unternehmen/Verantwortliche Stelle		**Eingangsstempel BayLDA**

	I. Struktur und Verantwortlichkeit im Unternehmen
1	• Gibt es das Bewusstsein im Unternehmen, dass Datenschutz Chefsache ist, beispielsweise durch – Regelung der Verantwortlichkeiten – Bewusstsein über Datenschutzrisiken
2	• Verfügt Ihr Unternehmen über einen betrieblichen Datenschutzbeauftragten? – Wenn nein, warum nicht? – Wenn ja, ist geklärt, wann er von wem einzubeziehen ist? – Wenn ja, ist er schon gem. Art. 37 Abs. 7 DS-GVO der zuständigen Aufsichtsbehörde gemeldet?
	II. Übersicht über Verarbeitungen
	• Haben Sie ein Verzeichnis Ihrer Verarbeitungstätigkeiten gem. Art. 30 DS-GVO? – Wenn nein, warum nicht? Ist das dokumentiert?
	III. Einbindung Externer
	• Haben Sie Externe zur Erledigung Ihrer Arbeiten (Auftragsverarbeiter) eingebunden? – Wenn ja, haben Sie eine Übersicht über die Auftragsverarbeiter? – Wenn ja, haben Sie mit allen Ihren Auftragsverarbeitern die erforderlichen Vereinbarungen mit dem Mindestinhalt nach Art. 28 Abs. 3 DS-GVO abgeschlossen?
	IV. Transparenz, Informationspflichten und Sicherstellung der Betroffenenrechte
1	• Haben Sie Ihre Texte zur datenschutzrechtlichen Information der betroffenen Personen bei der Datenerhebung an die Anforderungen nach Art. 13 bzw. 14 DS-GVO angepasst? – Wenn nein, warum nicht?

2	• Haben Sie insbesondere folgende Informationen neu aufgenommen, sofern nicht bereits vorher enthalten: – Kontaktdaten des Datenschutzbeauftragten – Rechtsgrundlage(n) für die Verarbeitung personenbezogener Daten – Falls Sie die Verarbeitung mit ihren berechtigten Interessen oder berechtigten Interessen eines Dritten begründen: die berechtigten Interessen – Falls Sie Daten in Drittländer übermitteln: die von Ihnen zum Einsatz gebrachten geeigneten Garantien zum Schutz der Daten (z. B. Standarddatenschutzklauseln) – Dauer der Speicherung; sofern nicht möglich, die Kriterien für die Festlegung dieser Dauer – Bestehen der Rechte betroffener Personen auf Auskunft, Berichtigung, Löschung, Einschränkung der Verarbeitung, auf Widerspruch aufgrund besonderer Situation einer betroffenen Person sowie auf Datenportabilität – Sofern Verarbeitung auf Einwilligung beruht: das Recht zum jederzeitigen Widerruf der Einwilligung – Recht auf Beschwerde bei der Aufsichtsbehörde – Ob die Bereitstellung der Daten gesetzlich oder vertraglich vorgeschrieben oder für einen Vertragsabschluss erforderlich ist – Sofern einschlägig: die Vornahme einer automatisierten Entscheidungsfindung einschließlich Profiling sowie – in diesem Fall – Informationen über die involvierte Logik sowie die Tragweite und die angestrebten Auswirkungen der Verarbeitung für die betroffene Person – Sofern Sie die Daten nicht bei der betroffenen Person erhoben haben: aus welcher Quelle die personenbezogenen Daten stammen und ggf. ob sie aus öffentlich zugänglichen Quellen stammen
3	• Haben Sie Ihre Werbe-Einwilligungserklärungen für Kunden, Interessenten usw., an die Anforderungen von Art. 7 und 13 DS-GVO angepasst (insbesondere: erweiterte Informationspflichten, auch zur jederzeitigen Widerrufbarkeit der Einwilligung)?
4	• Haben Sie sich darauf vorbereitet, auf Anträge auf Löschung von personenbezogenen Daten zeitnah reagieren zu können?
5	• Haben Sie sich darauf vorbereitet, Werbewidersprüche zeitnah erledigen zu können?
6	• Haben Sie ein Verfahren eingerichtet, um Anträge von betroffenen Personen auf Auskunft zu den eigenen Daten nach Art. 15 DS-GVO zeitnah und vollständig erfüllen zu können (Art. 12 Abs. 1 DS-GVO)?
7	• Haben Sie Verfahren eingerichtet, um Anträge auf Datenübertragbarkeit betroffener Personen erfüllen zu können (Art. 20 DS-GVO)?
	V. Verantwortlichkeit, Umgang mit Risiken
1	• Gibt es für jede Verarbeitungstätigkeit Angaben, mit der Sie die Rechtmäßigkeit Ihrer Verarbeitung nachweisen können, z. B. bezüglich Zwecken, Kategorien personenbezogener Daten, Empfängern und/oder Löschfristen (Art. 5 Abs. 2 DS-GVO)? • Haben Sie geprüft, ob die Einwilligungen, auf die Sie eine Verarbeitung stützen, noch den Voraussetzungen der Art. 7 und/oder 8 DS-GVO entsprechen? • Können Sie das Vorliegen der Einwilligung nachweisen?
2	• Haben Sie Ihre bestehenden Prozesse zur Überprüfung der Sicherheit der Verarbeitung auf die neuen Anforderungen des Art. 32 DS-GVO angepasst? • Haben Sie insbesondere bestehende Checklisten zur Auswahl von technischen und organisatorischen Maßnahmen durch eine risikoorientierte Betrachtungsweise auf Basis der Art, des Umfangs, der Umstände und der Zwecke der Verarbeitung sowie der unterschiedlichen Eintrittswahrscheinlichkeit und Schwere der Risiken für die Rechte und Freiheiten ersetzt?
3	• Haben Sie sich auf die evtl. Notwendigkeit der Durchführung einer Datenschutz-Folgenabschätzung vorbereitet?

VI. Datenschutzverletzungen	
1	• Haben Sie sichergestellt, dass Datenschutzverletzungen in Ihrem Unternehmen oder Verein erkannt werden können? Haben Sie dazu eine geeignete Methode zur Ermittlung eines Risikos bzw. eines hohen Risikos in Ihrem Unternehmen eingeführt?
2	• Haben Sie festgelegt, wer, wann und wie mit der Datenschutzaufsichtsbehörde kommuniziert?
3	• Haben Sie gem. Art. 33 DS-GVO sichergestellt, dass die Meldung von Verletzungen des Schutzes personenbezogener Daten innerhalb von 72 Stunden an die Aufsichtsbehörde möglich ist?

Die Richtigkeit der Angaben wird bestätigt:	
Datum	Unternehmensleitung ggf. Datenschutzbeauftragter

Anhang. Verzeichnis der Definitionen, Muster und Verweise

1. Definitionen

- **Definition 1:** Personenbezogene Daten:
- **Definition 2:** Unternehmen:
- **Definition 3:** Verzeichnis von Verarbeitungstätigkeiten
- **Definition 4:** Verantwortlicher
- **Definition 5:** Betroffene Person
- **Definition 6:** Einwilligung
- **Definition 7:** Auftragsverarbeitung
- **Definition 8:** Rechte und Freiheiten natürlicher Personen
- **Definition 9:** Verletzung des Schutzes personenbezogener Daten

2. Muster

- **Muster 1:** Inhalt eines Verzeichnisses von Verarbeitungstätigkeiten
- **Muster 2:** Benennung eines nebenamtlichen Datenschutzbeauftragten
- **Muster 3:** Benennung eines ehrenamtlich tätigen Datenschutzbeauftragten im Verein
- **Muster 4:** Mitteilung eines Datenschutzbeauftragten an die Aufsichtsbehörde
- **Muster 5:** Einwilligung zur Veröffentlichung von Fotos im Intranet oder Internet
- **Muster 6:** Einwilligung für Bilder von Minderjährigen

3. Verweise (Linkliste)

- Folgende weiterführende Dokumente können Sie unter dem Link: www.lda.bayern.de/Erste-Hilfe erreichen:
  - Auftragsverarbeitungsvertrag (Muster)
  - Onlineformular für Datenschutzverletzungen
  - Verzeichnis von Verarbeitungstätigkeiten
- Sicherheitsirrtümer, BSI: https://www.bsi-fuer-buerger.de/BSIFB/DE/Risiken/Sicherheitsirrtuemer/sicherheitsirrtuemer_node.html
- Online-Meldeformulare für Datenschutzverletzung: https://www.lda.bayern.de/de/datenpanne.html
- Verschlüsselung, BSI für Bürger: https://www.bsi-fuer-buerger.de/BSIFB/DE/Empfehlungen/Verschluesselung/Verschluesselung_node.html

Register

BayLDA

Bayerisches Landesamt für Datenschutzaufsicht

Online-Services:

- Datenschutzbeschwerde einreichen
- Datenpannen melden
- https-Check von Webseiten anstoßen

EU-Datenschutzgrundverordnung (DS-GVO):

- Informationen der Datenschutzkonferenz (DSK)
- Arbeitspapiere der Artikel 29 Datenschutzgruppe
- Ausblick auf zentrale DS-GVO-Anforderungen

www.lda.bayern.de

Informationsmaterial:

- Flyer und Broschüren
- Themenbezogene Kurz-Informationen
- Orientierungshilfen und Beschlüsse

Internationaler Datenverkehr:

- Details zum EU-U.S. Privacy Shield
- Infos zu Datenübermittlungen in Drittstaaten
- Hinweise zu Binding Corporate Rules (BCR)

ZD – Die Datenschutz-Zeitschrift bei C.H.BECK

Die ZD informiert umfassend über datenschutzrechtliche Aspekte aus allen Rechtsgebieten. Im Mittelpunkt stehen Themen aus der Unternehmenspraxis wie z. B.
■ Datenschutz-Grundverordnung ■ Konzerndatenschutz ■ Beschäftigtendatenschutz ■ **Datenschutz-Folgenabschätzung** ■ Compliance ■ Kundendatenschutz ■ Telekommunikation ■ Soziale Netzwerke ■ Datentransfer in Drittstaaten ■ Vorratsdatenspeicherung ■ Informationsfreiheit ■ **Profiling und Scoring** ■ Tracking.

Herausgegeben von Dr. Eugen Ehmann und Prof. Dr. Martin Selmayr.
2017. XXXVI, 1243 Seiten. In Leinen € 139,–
ISBN 978-3-406-70215-0

Europäischer Blick aus erster Hand

Der **Kommentar** erläutert die Datenschutz-Grundverordnung aus europäischer Sicht und besonders praxisorientiert. Das Werk zeichnet sich durch eine klare Systematik aus und bietet eine wissenschaftliche Vertiefung an den entscheidenden Stellen.

Erhältlich im Buchhandel oder bei: **beck-shop.de** | Verlag C.H.BECK oHG · 80791 München | kundenservice@beck.de | Preise inkl. MwSt.

C.H.BECK